El consumidor social

Reputación online y 'social media'

Miguel del Fresno

Diseño del libro y de la cubierta: Natàlia Serrano

Primera edición: marzo 2012

Rambla del Poblenou 156, 08018 Barcelona
www.editorialuoc.com
Realización editorial: El Ciervo 96, S.A.
Impresión:
ISBN: 978-84-9788-516-4
Depósito legal B.

Nuestro contrato

Este libro le interesará si usted quiere saber

- Cómo los medios sociales y la web 2.0 están cambiando las reglas del marketing y la comunicación
- Cómo afrontar una estrategia de marketing y comunicación online
- Cómo monitorizar la reputación online
- Cómo investigar la reputación online
- Cómo gestionar la reputación online
- Cuáles son las reglas básicas para sfrontar la reputación online de las marcas con éxito

ÍNDICE DE CONTENIDOS

EL FUTURO EXIGE UN PRESENTE DIFERENTE

Este libro está escrito con un sólo propósito: ayudar a tomar decisiones acertadas en relación con el marketing y la comunicación online. La revolución de internet comenzó hace dos décadas, hoy experimentamos sus consecuencias y no podemos creer que estén llegando a su fin, al contrario. Lo que ha demostrado internet, una mera tecnología, es que para tener éxito (o sobrevivir) las organizaciones y personas deben ser capaces de pensar y actuar como si ya estuviesen en el futuro. Muy pocas han sabido hacerlo con éxito, algunas de las mayores organizaciones mundiales actuales no existían hace una década o eran algo muy diferente, son los *señores de la nube.* Para el resto de las organizaciones el futuro ya no es lo que solía ser, porque el futuro se reduce a quedar ensimismados en el resultado del próximo trimestre o del año contable. La paradoja para las organizaciones es que en lugar de aprender a pensar en cómo estar en el futuro, este se ha reducido al próximo trimestre. El futuro exige una manera de estar en el presente diferente.

Internet es, además, una tecnología radical y disruptiva porque ha hecho audible definitivamente la voz de los consumidores, se quiera escuchar o no por las organizaciones, con un alcance y volumen únicos que ha generado la emergencia del *consumidor social.* A partir de las ideas expuestas sobre marketing, comunicación, reputación online y *social media* este libro pretende la transferencia de conocimiento que ayude a los responsables de marcas a la toma de decisiones acertadas en este ámbito, radicalmente disruptivo, que supone internet. El objetivo es ayudar a comprender internet, desde el punto de vista de un responsable de marketing y comunicación, como el fenómeno social, tecnológico, cultural y empresarial más disruptivo a escala global desde la Revolución Industrial.

Hay corrientes de opinión que ensalzan el inestimable valor y necesidad del error y el fracaso. Incluso parece una ideología que el fracaso en un proyecto fuese garantía de éxito en el futuro. La verdad es que de los errores y fracasos se puede aprender o no. Es así de simple. Que de un error o fracaso se aprenda –o no– sólo depende de la inteligencia de la persona u organización para identificar, analizar, comprender las claves del mismo y esquivarlas en el futuro. En síntesis, para convertir un error en algo positivo lo que se necesita son dotes analíticas, inteligencia y capacidad para el aprendizaje. El error, por sí mismo, no garantiza ni el aprendizaje ni evita que pueda volver a repetirse. No existe una suerte de ley natural que nos inmunice contra la repetición de errores de forma individual ni colectiva. De existir una ley de esa naturaleza todo el mundo tendría necesariamente éxito y, mucho más, los que cometieran más errores o más grandes. Parece poco probable la existencia de esa ley natural.

En las organizaciones el fracaso tiende a socializarse en mayor medida que los éxitos que tienden a individualizarse. Aprender de los éxitos tiene beneficios a corto plazo y no son fáciles de gestionar. A la larga si no se aprende del éxito –sino que sólo se explota– hace que las organizaciones sean menos capaces de sobrevivir puesto que tienden de forma natural a la autocomplacencia. Por otra parte, el aprendizaje de los errores tiende a desaparecer en nubes de racionalización y actitudes defensivas.

Desde la emergencia de internet el nivel de incertidumbre en la toma de decisiones ha crecido exponencialmente en las organizaciones. A riesgo de caer en cierto reduccionismo, entiendo que el prestigio y el valor como responsables residen en evitar los errores y tomar el mayor número de decisiones acertadas. Ese es el único objetivo con el que he escrito este libro.

Miguel del Fresno
Madrid - Zahara de los Atunes, diciembre de 2011

SOCIAL MEDIA Y REPUTACIÓN ONLINE

Definiendo *reputación*

Es oportuno comenzar por una definición de lo que se puede entender de forma compartida alrededor del concepto de *reputación*. En el *Diccionario de uso del español* de María Moliner, la reputación aparece como el juicio que tiene la gente en general sobre la moralidad de otro, y ésta se disfruta, goza y se tiene. Desde una perspectiva más normativa la *reputación* es definida en el *Diccionario de la lengua española* de la Real Academia Española como la opinión o consideración en que se tiene a alguien o algo y, en una segunda acepción, como el prestigio o estima en que son tenidos alguien o algo. En el *Diccionario del español actual* de Manuel Seco, Olimpia Andrés y Gabino Ramos la *reputación* es la opinión de los demás respecto a una persona en el aspecto moral o profesional que aparece frecuentemente con los adjetivos "buena", "mala" o equivalentes. Y establece el objetivo asociado a la reputación de conservar la reputación propia y mantener, así, la opinión en positivo que de nosotros tienen los demás.

Por tanto, podemos proponer una definición de *reputación* como la construcción social alrededor de la credibilidad, fiabilidad, moralidad y coherencia que se tiene de una persona, ente, organismo, institución, empresa, etc. Esto es, la reputación sólo es parcialmente controlable por el sujeto ya que se crea y recrea a partir de las percepciones que conforman un estado de opinión, consideración y valoración de otros, a partir de las decisiones y comportamientos ético-morales y/o profesionales. Asimismo se puede sostener que la reputación es una construcción social, un producto creado y acumulado de forma colectiva y que de manera inevitable tiene efectos positivos o negativos sobre el despliegue social, económico, etc. al tener una evidente connotación pública. Igualmente queda patente que al tratarse de una construcción alrededor de las percepciones de otros a partir de nuestras acciones (u omisiones) la reputación no está bajo control de manera absoluta, ni siempre ni por completo, aunque sí se puede gestionar en la medida en que se construyan de manera adecuada esas percepciones a partir de hechos relevantes para la opinión individual y colectiva.

Reputación online de una marca

Una propuesta de definición de reputación online de una marca es el resultado de lo que los clientes, exclientes, futuros clientes, empleados, etc. dicen, escriben y transmiten a otros en cualquier parte de los medios sociales de internet o *social media* a partir de sus percepciones y experiencia en cualquier momento de su relación, directa o indirecta, con esa marca.

Los responsables de las marcas deben decidir si se deja que esa reputación online como creación colectiva de los consumidores sociales fluya sin control alguno de forma espontánea, o tienen una responsabilidad y un rol –o no– que cumplir en la conformación de esa reputación online.

No es que las marcas sean más ineficaces en la actualidad, es que ha cambiado la visibilidad de sus ineficacias y eso determina su reputación. Que el coste de oportunidad derivado de una mala reputación online no sea visible en una cuenta de resultados, no significa que no tenga importantes efectos en ella. Este coste de oportunidad sólo se materializa cuando es demasiado tarde, cuando nadie se explica el porqué sino sólo el cuánto han caído las ventas.

Clima de opinión y opinión pública: la voz de la comunidad social

El concepto de *clima de opinión* podría parecer una creación moderna pero en realidad lo creó Joseph Glanvill, filósofo y clérigo inglés, en 1661 con el objetivo de defender el método científico como forma de conocimiento racional frente a los dogmatismos de su época. La utilización de este concepto sigue siendo oportuna y, sobre todo, mantiene su capacidad explicativa. Para Glanvill el clima de opinión está *afuera* y envuelve a los individuos y no se puede escapar de él, y al mismo tiempo está *dentro* de las personas ejerciendo influencia en sus opiniones y acciones. Por lo expuesto se puede identificar cómo la reputación está imbricada al clima de opinión.

Otro concepto interesante es el de *opinión pública*, creado por el filósofo, escritor y músico franco-helvético Jean-Jacques Rousseau en 1744. La opinión pública aparece como *la voz de la comunidad*, de su participación, como la expresión de una voluntad general, una forma de participación directa e inmediata sobre la toma de decisiones particulares y colectivas.

Mass media versus social media

El desarrollo de los medios de comunicación derivó del inicial objetivo de ser reflejo de la opinión pública a una progresiva autonomía de los medios, para acabar convirtiéndose en molde de la opinión pública. Según Denis McQuail, sociólogo, comunicólogo y uno de los pensadores más reconocidos sobre los medios de comunicación, la función tradicional de los *mass media* ha consistido en *la transmisión simultánea desde un emisor único o centralizado y organizado a toda, o a la mayoría, de la población de un conjunto recurrente y normalizado de mensajes (noticias, información, ficción, entretenimiento y espectáculo) sin que exista alguna posibilidad de responder o replicar* (McQuail, 2002:5).

Así, antes de internet la *opinión pública* era conformada –casi en exclusiva– por los medios de comunicación entendiendo a las audiencias como masas estables sobre las que ejercer influencia de manera directa y eficaz. Desde el punto de vista de la gestión de las percepciones, las marcas gracias a los medios de comunicación de masas tenían a su alcance un instrumento, más o menos global dependiendo de la capacidad de inversión, que permitía la comunicación de un mensaje ordenado, coherente y único por medio de una suerte de sincronización de las percepciones y los deseos. Esta posibilidad de sincronización global ha ido entrando en crisis debido tanto a la emergencia de los medios sociales de la web 2.0 como alternativa a los medios de comunicación, como a una creciente crisis de atención generalizada a la comunicación oficial de las marcas y la emergencia colectiva de los consumidores sociales. A partir de ahora, al referirnos a marcas será la forma de conglomerar bajo un único concepto dentro de la investigación de la reputación online a organizaciones, empresas, instituciones, productos, servicios o personas relevantes en los diversos climas de opinión identificables en internet.

La impermeabilidad de los medios de comunicación de masas a las opiniones de los ciudadanos, el hecho de ser parte de corporaciones globales con intereses particulares y el abandono de los modelos editoriales abocados a meros modelos de negocio dependientes de la publicidad junto a la irrupción de internet, y en concreto de la web 2.0 como fenómeno tecnológico y social, ha hecho entrar en crisis el modelo de influencia *seudonaturalista* de los *mass media* (Del Fresno, 2012).

Un nuevo ecosistema de influencia

En el ecosistema de influencia de los *mass media* la presión de lo que comprender, decir o hacer, o callar y no hacer, se ejerce como una suerte de ley natural tácita, no plenamente consciente, tal y como experimentamos la ley de la gravedad, la aceleración de los cuerpos, la presión atmosférica, etc. El resultado es una opinión pública construida verticalmente sin capacidad de respuesta por parte de las personas en sus roles de ciudadanos y consumidores sometidos a una creciente presión por crear una sincronización general de las percepciones, esto es, la creación de consensos acríticos.

Esta construcción de la opinión pública no ha desaparecido debido a la irrupción de internet sino que ha obligado a los *mass media* a convivir con los *social media*, de manera no voluntaria, como una alternativa. El clima de opinión generado en el entorno online no es controlable con la facilidad y eficacia que permitía el modelo previo. En este nuevo modelo, el clima de opinión es reconstruido socialmente online y lleva a que por primera vez en la historia de la comunicación las personas por medio de simples dispositivos con acceso a internet y gracias a las aplicaciones desarrolladas a partir de *código prosocial* pueden actuar como *micromedios* (Del Fresno, 2011b). Los medios y las audiencias en la era de internet se fragmentan en multitud de receptores-emisores al tiempo que cada persona tiene la posibilidad de convertirse en un *micromedio* con su propia audiencia en constante reconfiguración. Esto es, las personas somos simultáneamente parte del medio y parte del mensaje, en la medida en que se nos adjudica por parte de los otros diversos grados de credibilidad que construyen el clima de opinión.

Esto ha dado lugar a un nuevo ecosistema de influencia que genera climas de opinión no controlables, que afectan a la reputación de instituciones, organizaciones, marcas y personas de forma social e intencional. En realidad, el clima de opinión al margen de la opinión pública siempre existió como boca-oreja y gracias a internet consigue un volumen, frecuencia, audiencia, notoriedad e influencia imprevistos para medios de comunicación, organizaciones, empresas y marcas.

En resumen, los *mass media* tenían como objetivo la diseminación intencional y pública, por parte de una minoría, de símbolos y significados dirigidos a grandes audiencias, recibidos de manera más o menos pasiva para conformar la opinión pública. Los *social media* producen social e intencionalmente símbolos y significados gracias a internet –con diferentes grados de fiabilidad– y generan climas de opinión que se presentan de forma pública como alternativa para la toma de decisiones de las personas en sus roles como ciudadanos y consumidores.

Red social online

Una red social online se puede definir como un conjunto de nodos interconectados que forman una estructura social de individuos o instituciones organizada culturalmente con un propósito común, que puede ser solidario o no. La red social online despliega y hace posible una forma específica de interacción social y cultural gracias a un número de nodos diversos y reconfigurables –añadiendo o eliminando– de unidades sociales que son los protagonistas de la actividad de la red. La comunicación consciente y relevante, como esencia de la actividad humana, es posible en el contexto online gracias a internet y la infraestructura tecnológica que la soporta; comunicación que tiene lugar en el ciberespacio, un espacio sin lugar. Las redes sociales online se soportan en el ciberespacio gracias a que existe una infraestructura de código en forma de aplicaciones desarrolladas específicamente para facilitar y simplificar la interacción social. El hecho diferencial de las redes sociales online sobre las redes sociales en el contexto offline es que pueden tener lugar en cualquier momento, desde cualquier lugar físico de forma síncrona o asíncrona, presencial o no, y desde dispositivos fijos o móviles.

Internet como *killer application*

La irrupción de internet ha acabado con el cómodo monopolio de la producción de noticias e información de forma vertical, dominante durante los últimos 170 años. Ha invadido las fronteras de los diferentes medios de comunicación, ha ocupado espacios intocables, sobre todo de los monopolios locales, y ha provocado un alto nivel de comoditización en la producción de información, puesto que ya no se necesita ser profesional ni una estructura empresarial y/o tecnológica *ad hoc* para intermediar en los mensajes. Al mismo tiempo, los *social media* tampoco pueden –lo que no significa que deban– institucionalizarse debido a su no profesionalismo ni poder disponer de un modelo de negocio. La realidad ha estallado y no queda claro para quién, ni cuántos *jugadores* puede ser rentable –si lo es– empresarialmente.

El desmontaje o cambio profundo en los modelos de negocio de algunas industrias parece incuestionable (musical, cinematográfica, editorial, etc.) en parte debido a su rigidez, obstinación, equivocadas estrategias de *negacionismo digital* y malas o abusivas prácticas previas, etc. Esto es, desde el punto de vista evolutivo digital son tan responsables de su propio destino por falta de recursos adaptativos como incapaces –al menos, de momento– el resto, la sociedad, de vislumbrar una alternativa no corrosiva. Y no parece evidente que la *mente colmena* vaya a ser más fiable ni menos parcial ni vaya a estar menos saturada de publicidad, los únicos beneficiarios apuntan a ser los consumidores al tener más capacidades de decisión e influencia y las nuevas *corporaciones de la nube.*

Si los pensadores de la Escuela de Frankfurt, Th. W. Adorno, M. Horkheimer o W. Benjamin, desvelaron la industria cultural de masas como el peligro de industrialización de la cultura como imposición de valores y modelos de conducta recibida de forma pasiva por los consumidores, hoy aún no es fácil saber si la pendiente sobre la que nos deslizamos no terminará con la cultura en su forma *líquida* definitiva, convirtiendo toda creación en soporte publicitario. Ni la industria cultural de masas (cine, música, editorial, etc.) sale ganando ni hay espacio para los creadores como para hacer de su creación una forma de vida, los grandes y únicos beneficiados son las nuevas corporaciones, los *señores de la nube* abstractos e intangibles. Sin duda, es un debate abierto que no es el objeto de este libro.

Crisis de atención

Es difícil saber con exactitud el número de impactos publicitarios al que podemos estar sometidos como consumidores al cabo del día en internet, la televisión, la radio, con las vallas de exteriores, la prensa, etc. Casi no hay lugares que no se hayan convertido en soportes e incluso nosotros mismos no dejamos de serlo en ocasiones aunque sea de forma voluntaria. En definitiva, como personas estamos sometidos a constantes reclamos de solicitud de nuestra atención. La neuroplasticidad de nuestro cerebro hace que podamos sobrevivir cognitivamente a esta saturación de llamadas de atención de dos formas: una, obviando gran parte de esas llamadas (hemos aprendido a no ver la publicidad en los *sites*, a no prestar atención a las vallas o carteles que inundan las calles, a cambiar de canal en la TV, etc.) y dos, distribuyendo la atención entre más focos de atención y reduciendo la profundidad de la misma. Existen diferentes debates, aún sin resolver, sobre cómo internet afecta a la capacidad de concentración y modifica procesos cognitivos.

Los *mass media* han considerado tradicionalmente a las audiencias como una propiedad y cualquier pérdida de cobertura –en definitiva, de atención– se entendía como un acto de infidelidad por parte de la audiencia. La novedad que ha introducido la web 2.0 es que las audiencias están en los *social media* pero no son propiedad de los *social media* porque se constituyen y disuelven en un proceso de reconfiguración constante, cada vez más habitual también en los *mass media*. Así que, el hecho de considerar a las audiencias como masas y bajo variables sociodemográficas estables sólo tiene sentido desde la investigación social para la comercialización publicitaria de una supuesta atención permanente.

Seguro que algún día se comprenderá, incluso por parte de los medios, que no venden publicidad sino atención. Y que lo que se experimenta como crisis de la publicidad tiene en gran medida una explicación desde la crisis de atención.

La rebelión pasiva de la *no atención*

Los responsables de las marcas y los medios de comunicación (como soportes y como modelos de negocio) se enfrentan a un nuevo problema: la saturación cognitiva, sobre todo visual, de las audiencias. Las investigaciones y datos demuestran la paulatina e imparable caída de la eficacia publicitaria, lo que detrae inversiones de forma creciente en publicidad, provoca bajada de precios y una saturación cíclica y crónica. Las audiencias se están rebelando contra la publicidad de forma pasiva, sin lucha, sin ideología alguna, simplemente ignorándola, dando lugar a una imparable *crisis de atención.*

Por tanto, la crisis de atención puede ser comprendida como una rebelión pasiva de la *no atención.* Los medios han ido incumpliendo los contratos con las audiencias, un acuerdo tácito de intercambio de atención a la publicidad a cambio de contenidos. Y cuando la publicidad tiende a la saturación y los contenidos diluyen su frontera con la publicidad no hay *quid pro quo* posible y los consumidores acaban por desarrollar estrategias adaptativas para ignorar primero y rechazar después la saturación publicitaria. Lo que obliga a mayores inversiones y sólo las grandes campañas pueden conseguir notoriedades, coberturas y resultados satisfactorios o aceptables.

La publicidad presenta así cuatro aspectos interesantes para la reflexión, que no se pretenden resolver en este libro:

- La publicidad al alcanzar un determinado nivel de saturación tiende a convertirse en una herramienta de disuasión más que de convicción. Lo que convive con una contracción de la función seductora y cómo ésta se ha reducido a la notoriedad por la notoriedad.
- La estrategia publicitaria dominante sigue, en gran medida, partiendo de una falsa premisa que, en realidad, es un prejuicio por el cual las audiencias seguirían desinformadas. Cuando el problema podría apuntar a la comoditización e indiferenciación masiva de productos y servicios como del talento empresarial a la hora de comunicar.
- En la práctica se prescinde de tener en cuenta dos hechos relevantes propios de la era internet: la autocomunicación de masas y las alternativas de información e influencia a los medios y a la publicidad.
- La saturación es tan alta y extendida que han aparecido los modelos de negocio de pago por no tener publicidad (agregadores musicales o aplicaciones gratuitas que eliminan la publicidad en cuanto se paga una cantidad reducida). Este fenómeno supone la asunción explícita de la saturación cognitiva que ha alcanzado el modelo publicitario.

A pesar de todo, la mayor crítica a la publicidad quizás sea la del incumplimiento del contrato con las audiencias, lo que no le permite la legítima defensa de cómo la publicidad ha facilitado la financiación y acceso gratuito a muchos servicios a los consumidores.

La reputación en la mente de los consumidores

La reputación online puede ser entendida, por tanto, como el conjunto de percepciones que conforman el clima de opinión generado en el contexto online que influye en la toma de decisiones de las personas en su relación con organizaciones, empresas y marcas como ciudadanos y consumidores.

La web 2.0 ha facilitado en lo relativo a la comunicación la eclosión de una nueva opinión pública y de dos hechos claves:

- la *autocomunicación de masas* (Castells, 2009) como una nueva forma de comunicación en red alternativa a los medios de comunicación de masas.
- los *micromedios* (Del Fresno, 2011b) cómo las personas, al margen de los medios de comunicación profesionales, pueden (co)generar, (re)-distribuir y viralizar contenidos de forma autónoma y en tiempo real (Del Fresno, 2012).

Así, por primera vez en la historia de la comunicación, las personas en su rol de *micromedios* actúan de forma simultánea como fuentes, distribuidores y participantes en la creación de climas de opinión, lo cual afecta a la reputación de organizaciones, empresas, marcas y personas e influye en la toma de decisiones individuales y colectivas. Dicho de una forma directa pero no menos clara, hoy cualquier persona con un *smartphone* tiene la posibilidad de ofrecer una noticia antes que un periodista, esto ha llevado a que los medios profesionales estén renunciando a algo impensable hace una década: la competencia por dar una noticia en primicia.

Hoy en día, cualquier consumidor con una destrezas medias online puede poner en dificultades a marcas utilizando los canales y herramientas de la web 2.0 y generando una campaña legítima, buscando apoyos entre iguales, movilizando a decenas, cientos o miles de consumidores en internet, con lo que puede provocar una crisis de reputación en el contexto online que se extienda con facilidad al offline.

Casos reales de crisis de reputación están a la orden del día, como los que se generan online y tienen importantes efectos offline al ser recogidos por los medios de comunicación tradicionales. Esto es, el clima de opinión online (re)construye la opinión pública. Estos casos de crisis de reputación pueden ser locales (retiradas de productos del mercado debido a críticas o identificación de fallos, abandono de anunciantes de programas de televisión debido a contenidos cuestionables, un conflicto particular entre un pasajero y la pérdida de un equipaje como caso nacional, consumidores que dejan en evidencia a una multinacional dedicada a la venta de mobiliario) o bien tener un alcance más global (presión internacional a corporaciones por sus política contra el medio ambiente boicoteando productos, una ONG que denuncia prácticas abusivas y hace caer la cotización de una multinacional, consumidores que hacen rectificar un cambio de *branding* corporativo a un gran grupo de moda, etc.), y un caso extremo de crisis incontrolada para muchos gobiernos, en especial el de EEUU, como Wikileaks.

En todos los casos se observa el mismo fenómeno: el problema se produce offline, se recoge y viraliza online como *clima de opinión* y conforma e influye en la *reputación online* para acabar siendo recogido offline por los medios de comunicación profesionales que le dan una cobertura adicional que influye en la *opinión pública* de ciudadanos y consumidores lo que puede acabar afectando seriamente a las marcas, empresas y su RSC.

La RSC no es reputación

La responsabilidad social corporativa (RSC) puede definirse como la forma activa y voluntaria de contribuir a mejoras sociales, económicas y medioambientales por parte de las empresas, con el objetivo de mejorar su posición competitiva y percepción en la sociedad. La RSC no está circunscrita al cumplimiento de las leyes y las normas, lo que es un exigible no es un valor, ya que son obligaciones que cualquier empresa debe cumplir por el hecho de desarrollar su actividad. La RSC supone la asunción empresarial de la responsabilidad por su impacto total –positivo y negativo– en sus procesos internos y en las sociedades en las que operan. Sin duda, la RSC tiene un vínculo con la reputación, puesto que lo que pretende una empresa es mejorar su percepción en el conjunto de la sociedad por medio de acciones, pero son dos hechos diferentes. La RSC es una herramienta estratégica por parte de las empresas pero su reputación es la percepción que individuos, grupos y sociedad tienen de esa empresa, positiva, neutra o negativa en todos los contextos posibles.

Netnografía y reputación online

El carácter social de internet reside en su evolución desde una red de conexiones entre ordenadores a la creación de redes sociales en espacios online para las personas. Internet se presenta así como un campo para la investigación con una doble perspectiva: la Netnografía (Del Fresno, 2011a) y la Reputación online.

a) *Netnografía.* Investigar internet desde los métodos y con los objetivos de las ciencias sociales. Se trata de un neologismo que pretende sintetizar en un único concepto las técnicas derivadas de la investigación etnográfica (pequeños grupos) o la sociología (grandes grupos) en un nuevo contexto social y relacional en un espacio sin lugar, el ciberespacio. Se abren así nuevas posibilidades teóricas y prácticas para ampliar el conocimiento de lo que somos como personas y grupos sociales. La netnografía se presenta como una nueva disciplina, una interdisciplina o una teoría *under construction* para entender la realidad social que se está produciendo en el ciberespacio. No obstante, el debate de si la netnografía es o no una disciplina científica dependerá más del desarrollo de investigaciones relevantes para el conocimiento que de su institucionalización académica.

b) *Reputación online.* Se trata de identificar la reputación online en la web social alrededor de una marca, producto o servicio, empresa, organización, temática o categoría para poder identificar, cuantificar y cualificar su clima de opinión desde el punto de vista de los consumidores. Internet se presenta así como un campo específico y singular para la investigación de mercados, orientada a los objetivos del marketing, la comunicación y la toma de decisiones empresariales por medio de la identificación de *insights* desde los consumidores como fuente de mejoras e innovaciones.

Las personas somos el medio y el mensaje

Para Marshall McLuhan las tecnologías han tenido a lo largo de la historia de la humanidad la función de ser una extensión de los sentidos. Desde la irrupción social de internet estamos experimentando de forma individual y colectiva una extensión cognitiva sin precedentes, no sólo las decisiones individuales de compra están teniendo un creciente aspecto social y colectivo, sino que gracias a las herramientas sociales y relacionales de la web 2.0 compartimos percepciones, ideas, etc. en términos filosóficos *imágenes del mundo*, por medio de una suerte de creciente conciencia colectiva que aglutina sin anular a miles de personas en un proceso de retroalimentación interactiva sin precedentes.

Los procesos de compra que tradicionalmente eran procesos individualistas han comenzado a tener un creciente componente social en la medida en que se busca, encuentra y considera la experiencia de otros que no se presupone que tenga intereses parciales en influenciar esa decisión. Se desplazan así como prescriptores clásicos a las propias marcas y los medios de comunicación a favor de la voz de otros iguales que, sin determinar la decisión la complejizan, pluralizan y enriquecen. Los medios sociales conforman así una intencionalidad colectiva activa para los individuos dando pleno sentido al concepto de *consumidor social*.

El crecimiento y penetración de los medios y contenidos generados por los usuarios ha creado un nuevo contexto –global y local al mismo tiempo– para la comunicación, la participación y el intercambio de información. La web social provee a los individuos de plataformas que permiten mejorar sus capacidades operativas y facilitan el acceso a todo tipo de informaciones desde múltiples fuentes. Parece, por tanto, apropiado considerar como objeto de estudio el resultado de las interacciones entre la sociabilidad online y la producción y distribución de información, y entender el resultado como una acción social intencional colectiva: la reputación online.

La credibilidad de una información no reside, en exclusiva, ya en el medio a no ser que se acepte que son las personas la fuente de la credibilidad, que las personas somos parte del medio y, en gran medida, parte del contenido del mensaje.

El marketing como batalla de percepciones

Hace ya varias décadas que el marketing no es una batalla de productos o servicios sino de percepciones. La reputación online de una marca es el resultado de esas percepciones que conforman su clima de opinión. Las marcas no pueden controlar el clima de opinión como se podía controlar la opinión pública por medio de la publicidad, las relaciones públicas o la comunicación corporativa porque en el clima de opinión online cualquier marca sólo es un *player* horizontal más, otro igual, un *peer* con el que tratar de tú a tú si se desea y que no tiene los resortes de influencia con los consumidores y fuerza que podían mostrar las marcas con los medios de comunicación. Esto es evidente entre los grandes anunciantes que pueden influenciar de forma directa o tácita en gran medida la opinión publicada conformadora de la opinión pública con la siempre implícita amenaza de retirada de las inversiones publicitarias. Lo que ha llevado de forma generalizada a que gran número de medios de comunicación han acabado por indiferenciar o supeditar el modelo editorial al modelo de negocio basado en la publicidad.

Insisto, el marketing no es una batalla de productos o servicios, es una batalla por las percepciones de los consumidores. Por esta razón no triunfan siempre los mejores productos desde el punto de vista funcional sino desde la relevancia y facilidad de comunicar un posicionamiento y crear las percepciones adecuadas (p. ej., el iPhone acaso no sea funcionalmente el mejor teléfono móvil del mundo pero es muy probable que sea el que mejores percepciones construye alrededor de otras necesidades de los que lo tienen o desean tener que no sea la de usarlo solo para hacer llamadas telefónicas). Por tanto, lo más importante para una marca no es aquello que creen que es los que trabajan para esa marca o quieren que sea, sino lo que los consumidores perciben que es. La adecuación, o no, de esas percepciones con la estrategia formal desde la marca es crítica y la única fuente de éxito o fracaso para la marca.

El consumidor social: la marca como igual

Un medio de comunicación para una marca es algo tangible y sobre el que se puede actuar de forma coordinada, táctica y estratégicamente. El clima de opinión emergente de miles de consumidores sociales en internet no es tangible ni las palancas y resortes de actuación son evidentes. Las marcas no pueden ejercer ese tipo de influencia sobre el clima de opinión con iguales niveles de eficacia conformadora. En internet la relación entre consumidores sociales y marcas se ha hecho horizontal.

Las marcas, frente a un clima de opinión en permanente construcción –de donde emerge su reputación online–, no pueden controlar las percepciones sobre sus marcas, sólo gestionarlas de la manera más eficaz posible. Para los responsables de marketing y las marcas se han abierto las puertas de un campo de trabajo y experimentación que no puede ser sólo abordado con banners. El banner no es que haya muerto es que internet hace ya mucho tiempo que demostró que no es un mero soporte publicitario y que incluso de la publicidad se espera relevancia.

El consumidor social: el cliente como recurso escaso

Hoy por hoy, para la extensa mayoría de las marcas el recurso más escaso son los clientes. No hay bancos de clientes a los que recurrir cuando una marca se debilita. Si los consumidores son el centro gravitatorio de las marcas –y lo son porque no existen marcas sin consumidores–, sus opiniones online deben ser procesadas, analizadas, interpretadas y se debe ser capaz de extraer *insights* con un método científico. La investigación de la reputación online no supone una revolución sino la ampliación de la investigación de marketing tradicional a un nuevo campo con nuevos métodos.

Para la investigación de la reputación hay que partir del clima de opinión de una marca, y para ello deben identificarse: los canales donde se crean las opiniones, quiénes son los opinantes, desde qué posición actitudinal opinan, con qué intensidad lo hacen, sobre qué temáticas, etc., con el objetivo de extraer *insights* para introducir innovaciones en la cadena de valor, procesos, productos, servicios y gestionar con mayor eficiencia y eficacia los puntos de contacto –los *momentos de la verdad*– entre consumidores y marcas.

Investigar sin destruir lo que se estudia

Bronislaw Malinowski, polaco nacionalizado británico, fue el primer antropólogo que a principios del siglo XIX decidió abandonar la mesa de trabajo e ir al campo de investigación a realizarla en persona, con lo que dio lugar a una nueva disciplina: la etnografía. En tiempos de Malinowski el mundo estaba por descubrir, todo era local y nada global, lo lejano era idéntico a lo exótico y para conocerlo había que hacer un doble viaje. Por un lado, el viaje físico que imponía trasladarse a grandes distancias para poder realizar la investigación durante períodos prolongados de tiempo, al menos un año. Por otro, el viaje cultural e intelectual para integrarse en culturas ajenas cuyos códigos simbólicos y culturales suponían todo un reto, comenzando por el aprendizaje de la lengua nativa. El viaje etnográfico de Malinowski se realizó entre 1915 y 1918 cuando estudió a los nativos trobriandeses de Nueva Guinea, en el suroeste del Pacífico. Malinowski ha pasado a la historia de la investigación social, entre otras cosas, por ser el primer antropólogo involucrado personalmente en el campo, reclamando la doble autoridad del científico, que sabía qué buscaba y cómo lo hacía y *estando allí*, sobre el terreno.

La netnografía (Del Fresno, 2011a) supone, como lo fue en el caso de Malinowski como pionero, un nuevo campo en el que *estar allí*, el online. Internet y el fenómeno de la sociabilidad en la web 2.0, donde se crean climas de opinión y surge de forma natural la reputación online, son el objeto de investigación. El desarrollo de las sociedades modernas exige nuevas formas de aproximación, nuevos o reformulados métodos, aproximaciones conceptuales afinadas e interpretaciones más específicas de los nuevos significados derivados de las relaciones sociales en redes online. La realidad social en internet ha explotado o implosionado, está por dilucidar, y hace tan oportuno como necesario el trabajo de campo gracias a ese nuevo *estar allí*, en el ciberespacio.

Malinowski fotografiado junto a miembros de una tribu en las islas Trobriand en 1918

Autor desconocido (quizás Stanisław Ignacy Witkiewicz)

Internet y la reputación online

La investigación de la reputación online introduce algunos aspectos singulares que hay que destacar frente a lo que ha sido la investigación en internet como prolongación rígida de la investigación clásica:

1. *El sueño naturalista de Malinowski.* Por primera vez en la historia de la investigación es posible, si se desea, realizar investigaciones de reputación online sobre marcas o temáticas sin que el investigador influya en los sujetos investigados. Esto es, la intervención del investigador no es una variable distorsionadora en el proceso ni, por tanto, tiene un efecto significativo en los resultados. Cualquier encuestador puede condicionar una respuesta, o un cuestionario mal diseñado en el orden de las preguntas o redactadas de forma imprecisa puede distorsionar de forma significativa los resultados. Malinowski nunca pudo imaginar que una investigación *naturalista* fuese posible. Por esa razón tiene sentido reflexionar sobre Malinowski y cómo su sola presencia (ver imagen) influía en el contexto de una tribu en las islas Trobriand.
2. *No se puede preguntar sobre lo que no se sabe aún, pero se puede conocer.* En una investigación cuantitativa puede hacerse un número limitado de preguntas y para ser exhaustivos y refinar los objetivos se puede recurrir de manera previa a la investigación cualitativa. No obstante, puede haber temáticas que no se pregunten y que sean relevantes y hayan quedado ocultas o que sean emergentes como tendencia entre los consumidores. La investigación de la reputación online debe permitir identificar todas las temáticas y su jerarquía dentro de un clima de opinión. Es normal que los responsables de marketing cometan el error de ponerse en la posición de creerse representativos de los sujetos investigados

–extrapolando su opinión personal al total de los consumidores– y creer que lo saben casi todo, lo que no es más que un perjuicio casi insalvable sin una aproximación científica y empírica. En la investigación de la reputación online los sujetos investigados expresan sus opiniones sin tener que ceñirse a cuestionarios estandarizados o guiones.

3. *Evitar caer en lo de siempre con lo nuevo.* Las técnicas clásicas de encuestas o paneles se han llevado a internet sin adaptación alguna a las singularidades del nuevo contexto. Esto es, con las mismas o incluso más limitaciones (deficiente representatividad de las muestras, falta de filtros eficaces y adecuados, errónea extrapolación de resultados, etc.) al no tener en cuenta las singularidades de internet como campo. La reducción ha llevado a hacer pasar por investigaciones simples preguntas bajo cuestionarios estandarizados online con un alto potencial de fraude por parte de quienes responden y sin poder tener la certeza de la eficacia de los imprescindibles filtros (un hombre, p. ej., haciéndose pasar por una mujer o viceversa; lo mismo sucede con la edad, el estatus, etc.). Y aunque el lugar de estudio, el ciberespacio, no es el objeto de estudio se ha prestado poca atención a desarrollar métodos *ad hoc*. En gran medida internet se ha entendido desde el punto de vista de la investigación como la herramienta para reducir los costes de producción de la investigación tradicional (como las encuestas online) y la forma de defender los márgenes debido a la presión bajista de los precios, lo que no tiene que

ver con la calidad científica y de los resultados de una investigación para la toma de decisiones sino con la contabilidad.

4. *Information nice to have.* La investigación realizada hasta la actualidad en internet ha estado orientada a describir quiénes, cómo, cuándo, cuánto, desde dónde, etc. los usuarios usaban internet, el email, los chats, los programas o servicios, etc., soslayando aspectos vitales relacionados con las decisiones y opiniones. La red está inundada de estudios de este tipo, descriptivos y simplistas en la mayoría de las ocasiones, que en el mejor de los casos sólo son información *nice to have* y no necesariamente *must to have* que permita la toma de decisiones relevantes para los responsables de marketing o de negocio.
5. *La glocalización.* Hoy en día, gracias a la evolución social, podemos hablar de fenómenos glocales. Esto es, fenómenos que siendo de carácter global tienen sus adaptaciones y traducciones locales (p. ej. Tuenti como traducción local de Facebook). Para los investigadores se impone comprender esta doble vertiente y la influencia en los consumidores y sus decisiones de adopción o abandono, recomendación o contrarrecomendación de marcas. Gracias a internet lo exótico ya no es lo lejano sino que puede ser lo más próximo y es posible investigarlo de una forma hasta no hace mucho imposible.

En definitiva, la investigación online netnográfica o de reputación en internet permite acercarnos al ideal naturalista –al menos por el momento–, por el cual la ciencia debería poder estudiar sus objetos sin alterarlos o destruirlos.

Una nota sobre los nativos digitales

Se tiende a denominar nativos digitales a aquellos que han crecido con la existencia de internet. La expresión *nativo digital*, más allá de las dos palabras, es una suerte de marco lingüístico por el que se le atribuye a las personas identificadas como nativos digitales una suerte de ventaja competitiva tanto tecnológica como casi social y adaptativa.

En realidad, el nativismo digital es un mito que apenas es cuestionado y que acarrea el riesgo de generar una nueva forma de exclusión. Así, se ha creado una falsa creencia, el dar por hecho que sólo por una cuestión de menor edad se tendrían habilidades avanzadas en la relación con las nuevas tecnologías. Un buen desempeño tecnológico no significa necesariamente una buena comprensión de la tecnología, ni una utilización inteligente o innovadora de la misma. Sería como afirmar que mi generación, por haber crecido con la televisión en color, tenía una ventaja competitiva sobre la generación que creció con la radio por el mero uso de haber usado esa tecnología de forma cotidiana. Ser nativo digital no quiere decir que se entienda cómo funciona la tecnología ni que se vaya a hacer un uso más eficiente o innovador de ella, sólo que se usa de forma natural.

El clima de opinión existe e influye, aunque se ignore

Las personas en nuestros roles como ciudadanos y consumidores, actuando como micromedios, llevamos a cabo un proceso de creación pero, sobre todo, de viralización y polinización de ideas a una escala local con un potencial de difusión extraordinario. Incluso cuando, por ejemplo, una persona ofrece una simple conferencia no se es plenamente consciente de cómo, gracias al *streaming*, se tiene una audiencia que puede superar con mucho la audiencia de personas a las que uno se dirige en presencia física y que vuelve a crecer si el vídeo se publica online. Al comunicar por medio de *post* en un blog, mensajes en muros, foros o *twitts* nunca se puede tener la seguridad del alcance e impacto de una opinión en los procesos de adopción o abandono de marcas o servicios y sí de su potencial viralizador. No todos lo consiguen, pero algunos sí, y aún es complejo determinar qué resortes funcionan en unos casos y en otros no. En todo caso, no se cuestiona la influencia acumulada del clima de opinión, que no deja de existir por mucho que se infravalore, ignore o desconozca.

La realidad medida con audímetros

El hecho de que no se pueda medir con precisión absoluta el *word of mouth*, o boca a oreja digital, no significa que el fenómeno de la comunicación e influencia entre consumidores sociales no esté sucediendo y afecte en la toma de decisiones de decenas, cientos o miles de consumidores sociales. Los responsables de marketing hemos estado acostumbrados a tomar por verdades absolutas mediciones con altos grados de discrecionalidad, como, por ejemplo, la cuantificación de OTS en publicidad exterior o de GRP a partir de un número limitado de medidores frente a los millones de hogares, segundas residencias, etc.

Un especialista en planificación de medios me expuso la anécdota de que siempre se había sostenido que la única forma de alcanzar tasas de audiencias superiores al 80% o incluso al 90% sería el día en que la selección nacional ganará un Mundial de Fútbol. La realidad fue que el reflejo de la realidad auditada, por los mismos audímetros que mueven miles de millones de euros cada año, en la final que ganó la selección de fútbol de España tuvo una media del 29,5% y un pico máximo en la prórroga del 33,2% de *rating* porque las personas no estaban en los hogares sino fuera viendo el partido de forma social. La conclusión es que la realidad existe, independientemente de su medición, y que la medición no debería idolatrarse.

Las marcas tienen una reputación online, se desee o no

Es evidente que no todas las marcas tienen un clima de opinión online ni una reputación online significativa con un volumen relevante que nos permita analizarla, generar *insights*, identificar potenciales innovaciones y tomar decisiones de negocio al respecto. También es cierto que no todas las empresas tienen recursos ni pueden hacer investigación de mercados. No obstante, el hecho de que una marca sea consciente de no tener un clima de opinión significativo ya es una información relevante, puesto que si cree que sí debería tenerlo puede diseñar un plan de comunicación específico para ello.

Investigar la reputación online de marcas o temáticas

La investigación netnográfica (del Fresno, 2011,a) aplicada al marketing como investigación de la reputación online permite hacer innecesario el viaje geográfico. Se pueden estudiar comunidades de consumidores sociales o climas de opinión de marcas sin necesidad de desplazamientos geográficos. No obstante, sí es necesaria la actitud del estar allí como *viaje cultural.* Y por supuesto, disponer de conocimientos sobre los métodos de investigación social. La tecnología no puede sustituir a un investigador a la hora de hacer una investigación de campo, interpretar y analizar los datos y extraer conclusiones orientadas a la toma de decisiones y, mucho menos, diseñar un plan de ejecución de mejoras. La clave reside en dos aspectos: uno, no caer en la creencia de que hay máquinas que pueden interpretar el lenguaje natural de forma eficaz; y, dos, usar una metodología científica y empírica que permita extrapolar los resultados obtenidos y evitar confundir, entre la ingente cantidad de información disponible en internet, lo anecdótico con lo significativo.

Y por otra parte, es viable la realización de investigaciones de reputación online sobre climas de opinión alrededor no sólo de organizaciones, empresas, productos, marcas y personalidades sino también de temáticas. Por ejemplo, una investigación sobre el clima de opinión alrededor de medicamentos (Del Fresno y Peláez, 2012), sobre las barreras en las decisiones de compra de determinados productos, los frenos para el consumo de ciertos alimentos, el clima de opinión alrededor de temas relacionados con decisiones políticas, etc.

No envíes a una máquina a hacer el trabajo de un humano (inteligente)

Una máquina que pudiese entender el lenguaje natural ha sido –y es– uno de los sueños de la inteligencia artificial desde los mismos orígenes de las ciencias computacionales (Ramsay, 2006). Un sueño que resurgió en los años ochenta y renace a partir de la necesidad de interpretar cientos, miles o centenares de miles de opiniones alrededor de las marcas online por medio de tecnologías de rastreo online. Este tipo de herramientas de monitorización pretenden crear la ilusión de poder realizar un análisis automático de las opiniones con una tecnología semántica que tardará aún décadas en ser desarrollada hasta niveles meramente aceptables.

Hoy por hoy, convivimos con una web sintáctica, buscamos como buscamos (*hotel barato centro Roma*) porque no hay buscadores semánticos eficientes a escala razonable. Si existiese una web semántica habría motores semánticos eficaces y es muy posible que lo tuviese Google, para que Adwords fuese mucho más eficiente. O simplemente Google no existiría –hace pocos años Yahoo tenía la posición de dominio en el mercado que hoy tiene Google–, sustituido por una nueva empresa global con un motor semántico multipropósito. El lenguaje no son las matemáticas ni la física, ni siquiera el de la ciencia se puede unificar, esto se sabe gracias a los pensadores del Círculo de Viena y Ludwig Wittgenstein desde las primeras décadas del siglo XX. Lo interesante es cómo el sueño semántico se reaviva cada cierto tiempo pensando que una máquina creada por los hombres puede llegar a interpretar semánticamente el lenguaje como lo hace una persona media.

Por tanto, aunque se tratará este aspecto más adelante, no existe una herramienta de monitorización que pueda sustituir de forma automática la interpretación de una persona alrededor del clima de opinión de una marca. Con una auténtica web semántica, por ejemplo, al usar los buscadores sólo encontraríamos lo que necesitamos y sólo lo más relevante de entre lo que necesitamos. No serían necesarias técnicas avanzadas de *engaño* del algoritmo (SEO) y los resultados se presentarían en orden de relevancia casi individual para la persona que realiza la búsqueda. La *búsqueda social* que ofrecen algunos buscadores no es más que la renuncia a la relevancia objetiva sustituida por lo que otros valoran, que sean conocidos o amigos no presupone de forma necesaria que sea relevante para una búsqueda particular. La presentación de la búsqueda social como una solución es la prueba más evidente de la renuncia a la posibilidad de una búsqueda semántica relevante y eficaz.

Sísifo el primer programador SEO

Hay una cierta tendencia entre los programadores SEO (*search engine optimization*) cuyo trabajo está orientado a conseguir las mejores posiciones naturales en buscadores con un determinado número de palabras o frases claves (*keyphrases*) a afirmar que el SEO supone la gestión reputación online. El SEO de una marca depende esencialmente del siempre cambiante algoritmo de indexación de los buscadores (usaremos el ejemplo de Google por su cuota de uso a escala mundial, aunque sirve para cualquier buscador como Yahoo y Bing, etc.).

El proceso comienza con el rastreo, por el cual el *googlebot* descubre páginas nuevas y actualizadas y, segundo paso, las indexa. Esto es, procesa todas las páginas que ha podido rastrear para elaborar un índice exhaustivo (sintáctico) de todas las palabras encontradas y del lugar en cada página. También procesa e indexa la información incluida en las etiquetas "Title" y los atributos "ALT". El *googlebot* no sólo no puede procesar semánticamente sino que no puede procesar muchos tipos de contenido, como los significados de los audios, los contenidos de archivos multimedia y las páginas dinámicas. El *googlebot* sólo procesa textos escritos y de forma sintáctica. El proceso finaliza cuando un usuario realiza una búsqueda, el motor busca en el índice de las páginas aquellas que coinciden sintácticamente con esa búsqueda y muestra los resultados que considera más relevantes para el usuario.

En síntesis, el trabajo SEO consistiría en influir en la posición en la que se muestran esos resultados, a ser posible en la primera página de los mismos. Para conseguir estos resultados hay diversas técnicas de SEO, unas más legítimas que otras (según cada buscador, por supuesto). El SEO es, en realidad, una suerte de carrera de fondo entre los programadores de los buscadores por defender su algoritmo y los programadores SEO por optimizar y, en la medida de lo posible, *engañar* al algoritmo del buscador. Parecería que nos encontramos con una suerte de *mito de Sísifo* digital, una vez que un programador consigue ascender a las primeras posiciones el buscador puede alterar el algoritmo y vuelta a comenzar.

Confundir el SEO con la reputación es como confundir el maquillaje con la belleza

Hay ciertos mitos alrededor del SEO, en declive, por el cual los programadores SEO afirman controlar reputación online de las marcas con su trabajo de posicionamiento y facilidad para ser encontrados. Que el SEO y los resultados naturales de una marca son muy importantes no es discutible y menos en una web sintáctica, como se acaba de exponer. Unas puntualizaciones se hacen oportunas:

1. Las búsquedas por parte de las personas se van haciendo cada vez más complejas debido a las limitaciones sintácticas de la web, de los algoritmos de los buscadores y, por tanto, lo importante no es ser el número 1 en tal o cual buscador con la *palabra clave* de la marca, sino que la pregunta es ¿con cuántas *palabras clave* o *frases clave* se es el primero en cuántos buscadores?
2. Aparecer con la palabra clave de la propia marca entre las primeras posiciones (p. ej. cualquier marca de automóviles), teniendo los dominios de la marca, tiene un mérito muy limitado desde el punto de vista SEO.
3. El verdadero mérito SEO sería aparecer de forma estable, utilizando el mismo ejemplo, en las primeras posiciones con búsquedas como "coche urbano de bajo consumo", "berlina exclusiva", "coche familia numerosa alta seguridad", etc. Cuando esto fracasa es cuando hay que invertir en SEM (*search engine marketing*), que es la forma de pagar por no tener un buen SEO de negocio.
4. El SEO está orientado a la facilidad de ser encontrado, lo que en inglés se denomina *findability* y que no tiene más que una traducción bárbara al español como concepto en una palabra *encontrabilidad*, o en dos *facilidad de localización*.

5. El SEO, por sí mismo, no construye percepciones determinantes que condicionen la mala o buena reputación de una marca sino que facilita que un cierto numero de esas opiniones sean encontradas o no. Por tanto, parece obvio que el trabajo SEO no tiene una relación directa con la construcción significativa de percepciones alrededor de una reputación, porque no forma parte de su contenido sino de la mayor o menor *facilidad de localización* a partir de palabras o frases claves. Así, por muy bien expuesta que esté una botella de vino en los lineales, incluso de forma mucho más atractiva que su competencia, nunca será el vino sino sólo la botella.

En definitiva, pretender hacer creer que el trabajo orientado al SEO es, en sí mismo, gestión de la reputación online es como confundir la anécdota con la categoría o el maquillaje con la belleza.

La voz de los consumidores sociales

Las marcas y sus responsables, lo quieran o no, lo investiguen o no, están sometidos al constante escrutinio de los consumidores y, a partir de las investigaciones empíricas de los climas de opinión, cada vez más decisiones individuales de consumo adquieren un componente social. La reputación de una marca ha dejado de ser un asunto, como hemos visto, de opinión publicada para convertirse en un asunto de clima de opinión. Las fronteras de cercanía física de las personas haciendo *boca-oreja* han quedado ampliadas a coberturas impensables hace sólo poco tiempo gracias a los medios sociales de internet. La reputación de una marca ha dejado de ser algo intangible limitado a la experiencia individual y ha adquirido un carácter social e intencional colectivo. Los consumidores se han hecho sociales para no volver a estar aislados en sus experiencias relacionales con las marcas. La reputación se ha vuelto tangible, ubicua, generativa, social e incontrolable por parte de las marcas.

La reputación online de una marca no depende de un *community manager*, no está en la web corporativa, no es el SEO, no es el orden de aparición en los buscadores... está en la mente de los consumidores y sólo depende de las decisiones que toman los consumidores sociales detrás de las marcas y cómo son percibidas por esos consumidores de forma individual y colectiva y qué acciones de aceptación, indiferencia o rechazo pueden provocar. Las marcas tenían y tienen el discurso del consumidor *en el centro* pero la verdad es que el producto domina la gran mayoría de las decisiones porque son muchas décadas creando y vendiendo productos en mercados que no estaban tan saturados de oferta como los actuales.

En las sociedades modernas y occidentales, con sobreproducción de productos indiferenciados, se mantiene la ficción, como la de los medios de masas al considerar a las audiencias desinformadas, de que las necesidades no están cubiertas suficientemente. Las organizaciones están frente al final de los negocios como han sido siempre y se ha abierto una nueva etapa en la que no es posible el paso atrás, se impone la necesidad de aceptar que la obligación de adaptarse a la realidad se hace dramática debido a la velocidad a la que hay adaptarse. Internet es un medio meritocrático, desintermediador, anulador de márgenes injustificados que está llevando a las marcas a niveles de competencia darwinistas y a una velocidad para la que la gran mayoría de las organizaciones no parecen preparadas.

Las actitudes de las organizaciones frente a internet

La reputación online de una marca es una suerte de sombra digital omnipresente y reconfigurable con cada percepción y experiencia de los consumidores. Las marcas ya no pertenecen sólo a las empresas y sus gestores, las marcas son cada vez más una construcción social que se reproduce, evoluciona y valoriza de manera cada vez más imprecisa e incontrolable por las personas, sean consumidores directos o no, y que internet y la web 2.0 ha reorganizado por completo. Las posiciones ante esta evidencia desde las organizaciones y sus responsables son cuatro: negación, desconfianza, aceptación y adaptación.

- *Negación: ni mirar ni oír*. En esta etapa suele dominar el argumento de que la gente que usa internet no es representativa, se trata de la tendencia natural a la negación y aislamiento como forma ilusoria de intentar mantener un contraproducente aislacionismo. Si esta posición en los años 90 podía ser considerada de cierta miopía, en la segunda década del siglo XXI supone ya una suerte de arriesgada negación de la realidad que ha supuesto internet como tecnología disruptiva en todos los ámbitos. Una posición de este tipo debió de imperar en las multinacionales, cuyas cajitas de película fotográfica omnipresentes hasta hace pocos años, mientras competían por la mejor película fotográfica del mundo, este había decidido de manera evidente que no la necesitaba más. Las empresas no son en la mayoría de los casos organismos racionales porque las decisiones las toman personas que tienen egos y prejuicios o ideas preconcebidas que no se cuestionan a tiempo.

El hecho irrebatible es el crecimiento constante de penetración de internet en todo el mundo. Cada vez más personas y organizaciones entran en internet y como resultado tiene mayor atractivo para más personas y organizaciones, se integra más en todas las sociedades y es, cada vez más, importante en la vida diaria. Que la motivación sea por ocio, divertimiento, información, investigación, sociabilidad, etc. y de forma más o menos productiva no es importante, porque son las personas las que adaptan internet a su vida y no al contrario. Internet ya no es el lugar para vanguardias urbanas con altos niveles educativos como era a mitad de la década de los noventa del siglo pasado. Al iniciarse la segunda década del siglo XXI el uso de internet había sobrepasado el 30% de la población mundial (se puede consultar los datos actualizados en Internet World Stats)

El ciberespacio o la cibercultura no son algo exótico, porque lo exótico (*freak* en la jerga digital) sólo es la artificiosa excusa que oculta la incapacidad para relacionarnos intelectualmente con lo que no somos capaces de comprender. Toda marca es *social* independientemente de la voluntad e inteligencia de sus gestores.

- *Desconfianza: escuchar y no actuar.* Se trata de una variación evolutiva y en parte adaptativa de la anterior. La marca incorpora fuentes de información por medio de alguna herramienta de rastreo online o técnicas básicas de investigación. Tiene la ventaja de haber superado la fase de negación de los riesgos y oportunidades que supone internet como tecnología disruptiva para las marcas. Las barreras para el cambio y la adaptación son aún muy altas. La pasividad frente a la realidad online suele organizarse alrededor de argumentos aparentemente racionales, como el de la canibalización del negocio existente, que sólo son distracciones para no afrontar la realidad (p. ej., cuando las líneas aéreas no vendían billetes por internet porque tenían minoristas que amenazaban con dejar de vender sus billetes, hoy están la extensa mayoría desintermediados).

Las personas que dentro de las marcas defiendan competir en internet son los *emprendedores internos* y lo normal es que estén en minoría, si no tienen el apoyo de la dirección han acabado despedidos o marginados. Las consecuencias de aceptar el falso argumento de la canibalización y negar los ajustes del modelo de negocio son inevitables: progresiva pérdida de competitividad y riesgo de desaparición de la marca.

- *Aceptación: escuchar y analizar*. Es la fase de aceptación de los retos, de la necesidad de evolucionar rápidamente y adaptarse de forma inteligente al cambio que supone internet. Es la fase de acumulación y generación de habilidades e *inteligencia digital*, de la redefinición de objetivos, estrategias y tácticas incorporando internet no

como canal sino como mercado en el que competir y desarrollar nuevas ventajas competitivas. En esta fase es imprescindible no confundir la voluntad de la marca con la de los consumidores, se trata de conocer de primera mano a lo largo de la cadena de valor de la empresa los puntos de contacto con ellos y cómo identificar y dar respuesta a las necesidades más relevantes.
- *Adaptación: comprender y actuar*. Es la fase de integración plena en la realidad competitiva, de la maduración de una empresa en la integración en el entorno online una vez que se ha acumulado conocimiento relevante, se han definido objetivos y estrategias y se dispone de los recursos materiales, económicos y humanos para ser un *player* relevante en el mercado online. La mera presencia online no garantiza el éxito. Se necesitan conocimientos y habilidades para gestionar la velocidad de los cambios, la toma de decisiones ágil y rápida sin disponer de necesariamente toda la información. Internet es un contexto extremadamente meritocrático y los consumidores no suelen dar segundas oportunidades.

Independientemente del acierto en las definiciones de la progresiva hibridación entre los mundos offline y online, de si se trata de redes sociales, web 2.0, *social networking* o comunidades, hay algo difícil de cuestionar: el uso de internet forma parte fundamental de la comunicación diaria en la vida de millones de personas.

Internet es una tecnología de largo recorrido, todo apunta a que personas, empresas y organizaciones seguirán invirtiendo recursos e inteligencia en su desarrollo y uso. Las personas responsables de las organizaciones y, en especial, aquellos relacionados con el marketing, la comunicación y las relaciones públicas no pueden infravalorar o, peor aún, pretender estar al margen del impacto de internet. Deben ser conscientes tanto de los conocimientos necesarios que hay que adquirir como de las habilidades de negocio que hay que desarrollar, para poder interactuar con los consumidores en un entorno en el que el ecosistema de información, influencia y respuesta se ha transmutado para no volver a ser nunca más como fue antes de internet.

Modelo conceptual para la reputación online

Presento un modelo conceptual –a partir de la experiencia de las investigaciones empíricas realizadas en los últimos años– para abordar la *investigación, monitorización y gestión de la reputación online* de las marcas y cómo esta puede ser rastreada, monitorizada, estructurada, analizada y aplicada para la toma de decisiones en las áreas corporativas, de comunicación, marketing, I+D, comercial, etc. de las empresas.

Modelo conceptual para abordar la reputación online

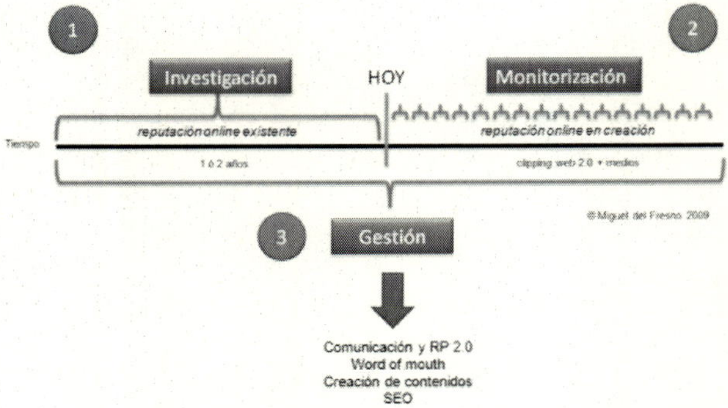

Inteligencia digital y reputación online

La reputación online tiene tres posibles aproximaciones: la monitorización (síncrona) y la investigación (asíncrona). En resumen, monitorización no es lo mismo que investigación; y puesto que ambas tienen sentido no son, ni pueden ser, equivalentes ni equipotentes. Por último, tenemos la gestión de la reputación online.

La monitorización tiende a mostrar sólo *una parte del todo* de una marca, es una suerte de *social media clipping*, esto es, la reputación online en construcción, día a día. La investigación reconstruye y comprende la reputación online de una marca existente de forma retrospectiva desde algún momento para la que se necesita método científico empírico (una metodología), un volumen significativo de valoraciones (universo y muestra) sobre el que realizar la investigación, capacidad de procesamiento y explotación de los datos (opiniones), un propósito para esa explotación que le dé sentido (objetivos) y una necesaria capacidad analítica para identificar patrones, crear conceptos y levantar teorías útiles para la toma de decisiones (método).

Con la investigación y la monitorización la marca adquiere su inteligencia digital imprescindible para abordar la gestión, por lo que no debe abordarse la gestión de la reputación online sin conocer el punto de vista y temáticas que preocupan a los consumidores sociales, ya que supone la asunción de riesgos significativos puesto que las *conversaciones* no son predecibles ni controlables y hay que actuar con bases sólidas y conocimientos antes de lanzarse a entrar en la *conversación*.

Investigación de la reputación online: El factor humano

Consiste en el rastreo online y la recopilación sistemática de datos del clima de opinión *existente* de una marca, producto, personalidad, etc. delimitado por medio de la selección de una serie de *palabras clave* que van a determinar el campo de investigación. Para ello se establece un corte temporal, un hipotético hoy, desde el que nos podemos remontar *hacia atrás en el tiempo* entre uno y dos años, o simplemente meses, en función del volumen del clima de opinión, por medio de una herramienta tecnológica de rastreo online. Una vez extraído el clima de opinión y aplicando metodología de investigación social se pueden establecer las claves e *insights* alrededor de una marca, sus competidores o temáticas de estudio *ad hoc*. La investigación persigue fundamentalmente la generación de conocimiento orientado a la toma de decisiones a partir del clima de opinión ya existente. Con esta perspectiva de investigación sí es posible conocer y analizar la reputación online de una marca.

Monitorización de la reputación online: El factor tecnológico

Consiste en el rastreo online y la recopilación sistemática de datos del clima de opinión *en construcción* de una marca, producto, personalidad, etc. delimitado por medio de la selección de una serie de *palabras clave* que van a determinar el campo de monitorización. Para ello se establece un corte temporal, un hipotético hoy, desde el que hacer un control diario y acumulativo de la información por medio de una herramienta tecnológica de rastreo online.

Al igual que un *press clipping* de medios semanal o mensual, de los que se reciben en los departamentos de marketing, comunicación y corporativo no es la reputación de esa marca o empresa, la monitorización extraída a diario o semanalmente no es la reputación online de esa marca, el riesgo reside en elevar la anécdota a categoría y tomar decisiones erróneas por exceso de músculo y falta de comprensión. No obstante, cuando el volumen del clima de opinión es suficiente como para considerarlo significativo se puede aplicar la misma metodología que para la investigación de la reputación online. Esto es, la monitorización sólo nos presenta cortes temporales de la reputación online en construcción. Confundir la monitorización con la reputación es lo mismo que confundir la parte con el todo.

La monitorización es imprescindible para generar alertas, identificar aspectos críticos o problemas en el momento que se están produciendo con suficiente rapidez.

Y tener así capacidad de respuesta antes de que ciertos problemas puedan ser de mayor envergadura o trascendencia.

Con las herramientas de monitorización de la reputación online se corre el riesgo de confundir la parte con el todo, la anécdota con la categoría, si falta método científico en la extrapolación de datos y conclusiones; no se pueden tomar decisiones de negocio con datos parciales e incompletos y si se toman, es muy probable que sean erróneas. Esta es la limitación y por qué es necesario insistir en la diferencia entre los datos obtenidos de la monitorización, siempre parciales, y lo obtenido de una investigación de reputación online.

Gestión de la reputación online: El factor humano

Una vez extraída, analizada e interpretada la información es cuando se tienen las bases suficientes para la toma de decisiones y poder definir los planes estratégico y tácticos de marketing, comunicación y relaciones públicas en los medios de la web social, como la generación de campañas de *buzz* y *word of mouth* marketing, la creación de contenidos y con ellos buscar mejoras en la indexación SEO, etc. Más adelante se abordarán las claves de la gestión de la reputación online de una marca una vez que se dispone de la suficiente inteligencia digital y de negocio a partir de la investigación de la reputación online.

Cuatro ideas simples para no confundirse con la reputación online

Al tratar sobre reputación online, sea monitorizando, investigando o gestionando esa reputación, es oportuno tener en mente cuatro ideas simples:

- Confundir los resultados presentados por un buscador con la reputación de una empresa o marca es como confundir la parte con el todo.
- Confundir el SEO con reputación online es como confundir el maquillaje con la belleza.
- Confundir la monitorización de la reputación online con la investigación de la reputación online es confundir leer con comprender.
- Confundir monitorización de la reputación online con gestión de la reputación online es como confundir mirar con tocar.

Una terapia peligrosa: gestión sin investigación

Expongamos un ejemplo para identificar los riesgos asociados a una gestión sin la suficiente inteligencia digital previa. La primera iniciativa de muchas marcas, aconsejadas o no por sus agencias, es la de entrar en los medios sociales para relacionarse con sus clientes, lo que se ha dado en denominar en términos algo difusos *entrar en la conversación*. Esto es, la tendencia a entrar directamente en la *gestión* de la reputación (punto 3 del modelo).

Imaginemos que se trata de una empresa de alimentación, se define una línea editorial de las temáticas que hay que tratar (valores alimenticios, promociones, comunicación, publicidad, etc.), tono de la comunicación, canales y frecuencias y *se entra en la conversación*. Sobre esa marca ya existe un clima de opinión que debido a no haber realizado la *investigación* (1) se desconoce. Es posible incluso que se haya contratado una herramienta de *monitorización* (2) que identifique las referencias publicadas más recientes. ¿Qué sucede si, por ejemplo, el clima de opinión está estructurado sobre aspectos relacionados con esa marca como los conservantes, si se utilizan ingredientes identificados como potencialmente cancerígenos, si se incorporan transgénicos o si no se ha informado de los riesgos en el etiquetado para ciertas alergias, etc.? Lo que provocará será una fricción o disonancia significativa entre los temas que vertebran el clima de opinión de esa marca para los consumidores y los temas que desea comunicar la marca.

Se podrían exponer ejemplos que mostrasen la disonancia entre la voluntad de lo que una marca quiere comunicar –lo que se ha hecho siempre de forma unidireccional por parte de las marcas en el marketing tradicional (*push*)– y lo que los consumidores sociales (clientes, potenciales clientes, exclientes, ONG, asociaciones de consumidores, etc.) tratan como temas relevantes en su relación con esa marca (*pull*). Lo mismo podría suceder con una empresa dedicada a la venta de cualquier tipo de producto cuya preocupación fuese comunicar, por ejemplo, la buena relación calidad-precio de sus productos (*push*) y en el clima de opinión dominase la temática alrededor del nivel de calidad del servicio posventa (*pull*) y la marca no esté preparada para atender en la *conversación* ese tipo de demanda.

En síntesis, la *gestión* (3) es el músculo de una marca; la *monitorización* (2) es la vista y el oído, y la *investigación* (1) es el cerebro e inteligencia digital de la marca.

Los riesgos y errores potenciales de entrar a ciegas y sin inteligencia en la gestión, desconociendo el clima de opinión alrededor de una marca es un aprendizaje que se puede acortar comprendiendo la racionalidad de este esquema al abordar la comunicación online.

El futuro (del marketing y la comunicación) ya está aquí

El marketing se está redefiniendo con la ampliación de sus fronteras en el mundo online y por la creciente obsolescencia de sus prácticas tradicionales. Y está sucediendo a una velocidad que pone en situación de riesgo a marcas y responsables. La tecnología está orientada a la productividad y la eficacia pero no puede sustituir, por muy sofisticada y potente que pueda ser, la toma de decisiones de negocio basadas en la lógica y la creatividad. Vivimos en tiempos exponenciales y la realidad no va a esperar a quienes se anclen en las prácticas tradicionales.

Las exigencias del marketing y la comunicación del futuro ya están en el presente para las organizaciones y sus responsables. Se imponen llegados aquí algunas reflexiones:

- La necesidad de ofrecer valor no cambia pero sí la velocidad a la que hay que renovar ese valor para que no se comoditice o tienda a cero.
- Para afrontar este cambio impuesto por internet se necesitan recursos, nuevas habilidades, más conocimientos y, sobre todo, nuevas formas de abordar los mismos y nuevos retos.
- La pregunta no es si tal sector de actividad o marca se verá o no impactada por internet, sino cuándo sucederá, si es que no ha sucedido ya.
- La necesidad de establecer relaciones o vínculos significativos entre marcas y consumidores ha aumentado debido a los niveles de competencia entre marcas.
- Las empresas innovadoras son aquellas que crean mercados, no las que luchan por arañar

puntos en la cuota de mercado. Internet facilita la creación (y destrucción) de mercados, Google y Facebook no existían a comienzos del siglo XXI.

- Por tanto, las organizaciones y las marcas están obligadas necesariamente a mejorar su inteligencia digital, a ampliar su influencia en internet y a incorporar nuevo talento *nativo digital* –que no tiene necesariamente que ver con la edad–.
- Se impone como necesaria la decisión de saber en qué dejar de invertir recursos y en qué invertir los recursos liberados.

El consumidor, ese extraño

Los consumidores tenemos más control, acceso a información y capacidad de decisión individual y conjunta que en el pasado gracias a internet. La aproximación correcta a la web social debe permitir comprender los procesos de decisión y el comportamiento de los consumidores sociales desde sus necesidades, preferencias o frenos, en definitiva, lo que realmente importa. El conocimiento que se ha tenido en las organizaciones de los consumidores ha venido tradicionalmente de los datos de ventas y de la segmentación en *targets*, pero la relación de los consumidores con la cadena de valor de la organización no se limita al inicio y casi al final de la misma.

Qué hacer en relación con internet desde el marketing y la comunicación:

- Escuchar, analizar, comprender y traducir los climas de opinión que construyen la reputación online para identificar oportunidades de mejoras o innovaciones en productos y servicios.

- Con la investigación online de la reputación de una marca se puede conocer lo que los consumidores dicen y hacen. Mirar y comprender la organización con los ojos del consumidor a lo largo de su ciclo de vida como cliente y *ponerse en los zapatos* del consumidor a lo largo de la cadena de valor de la organización, identificando los puntos de contacto en los que se crea la relación y aquellos en los que hay fricción o disonancia.
- Tras conocer las claves para los consumidores desde su punto de vista, no sólo desde el de los responsables de la marca, hay que estar presente en los medios sociales de internet con una estrategia y objetivos derivados del conocimiento, no de intuiciones, creencias o modas opináticas.
- Corregir el sesgo cognitivo derivado debido a que los equipos suelen construir sus modelos personales de comprensión de los consumidores, tienden a ser favorables con su propia organización y pueden subestimar como *freak*, marginal o no representativo los *insights* del entorno social online.

En definitiva se trata de recabar datos y analizarlos adecuadamente para mantener mejores relaciones y desarrollar las percepciones adecuadas para mejorar la experiencia total de los consumidores en su relación con la marca.

La web social o por qué un pastel es más que la suma de los sabores de los ingredientes

Evidentemente no todas las marcas generan percepciones iguales y, por tanto, sus climas de opinión y análisis de reputación online se construyen alrededor de diferentes temáticas. La ventaja de investigar con una metodología adecuada la reputación online de una marca en los medios sociales de internet como producto de las opiniones de los consumidores, introduciendo los factores de corrección oportunos, es semejante a por qué un pastel es siempre más que la suma de los sabores de los ingredientes. Aunque sea una obviedad empírica, siempre es necesario que alguien con *know how* y experiencia tenga los conocimientos necesarios y tome las decisiones correctas para su elaboración.

Al conocer, por medio de este tipo de investigación, cómo se relacionan consumidores sociales y marca, se puede diferenciar la propia marca frente a la competencia, saber de primera mano si se están creando vínculos emocionales entre consumidores y marca, de qué tipo, con qué intensidad, alrededor de qué ejes temáticos y con qué dificultad o facilidad se crean esos vínculos. Se pueden encontrar las razones para la fidelidad de los clientes y también para la no fidelidad, puesto que ambos aspectos son relevantes.

A partir del conocimiento del consumidor social en sus expresiones que construyen de forma acumulativa el clima de opinión de una marca, es posible conectar las necesidades expresadas por los clientes de forma natural, por medio de la investigación del clima de opinión online, con el desarrollo o mejoras de productos y servicios (innovación incremental) y se puede mantener el valor de la marca e identificar potenciales *insights* para crear nuevos productos y servicios (innovación disruptiva).

Internet y los medios sociales han provocado que las marcas deban ser gestionadas en un contexto radical y nuevo, donde están más expuestas y son más vulnerables al perder el control vertical y tradicional del canal de comunicación. La mejor opción es la autenticidad en todas las prácticas y puntos de contacto con los consumidores, puesto que es igual de importante lo que se hace como organización (dónde fabrica, qué impacto tienen sus actividades en la naturaleza, etc.), lo que se comunica a los consumidores y lo que se vende en el mercado. El entorno digital no es gestionable de forma corporativa tradicional.

Las opiniones libres de los consumidores no mediatizadas ni filtradas hay que saber procesarlas y encontrar los aspectos que ofrezcan los *insights* para la mejora. Estos *insights* no están listados en la entrada de un blog sino que hay que analizar el clima de opinión e inferirlos con capacidades analíticas. Otra vez el factor humano se presenta como más significativo que la tecnología.

El mito de la *infoxicación*

Hay ideas que circulan sobre internet que, en ocasiones, parecen apelar al mero sentido común y que al profundizar empíricamente el resultado es contraintuitivo. Uno de esos lugares comunes es la afirmación de que en internet hay tanta información que todo es ruido y que sufrimos, individual y colectivamente, de una suerte de *infoxicación*. Mitchell Kapor, creador de Lotus 1-2-3, es el autor de una frase de discutible fortuna al afirmar que *obtener información de internet es como intentar beber agua de una boca de incendios*.

Es cierto que, si se afronta la idea de comprender la información en internet como un todo y sin recursos metodológicos e intelectuales adecuados, podemos enfrentarnos a la sensación de que internet no es más que ruido o una suerte de *papilla digital* indigerible. Y, entonces sí, se podría aceptar la *infoxicación* como una multiplicación de la cantidad de información a la que tenemos acceso potencial y que de forma individual somos incapaces de procesar. Y entonces no sería algo nuevo, si uno de nosotros se hubiese planteado el tener que leer todos los libros de la Biblioteca Nacional tendría el mismo problema.

La paradoja es otra, internet está abarrotada de diseños, páginas, aplicaciones y contenidos sobrevalorados, intrascendentes o inútiles pero eso no es *infoxicación*, es basura digital. Y, al mismo tiempo, cada vez más nuestra vida está más relacionada y limitada por el desarrollo del software, este sí es un aspecto clave pero que sobrepasa los límites de este libro.

La frase de Kapor parece propia del sentido común y aunque parezca tener sentido carece de significado. En realidad sería como afirmar que no se puede conocer la opinión de un país sobre un tema específico. Existen técnicas de investigación que permiten hacer lo que parecería contraintuitivo.

La limitación real en internet no reside en el acceso a la información sino a su sentido y significados. No estamos ante un problema de exceso de información sino de filtros, propósito de análisis y explotación inteligente de esa información. La información es accesible gracias a la indexación que ofrecen los motores y metabuscadores. Por tanto, el problema básicamente es metodológico. La clave reside en que el sujeto investigador debe identificar un objeto de investigación en internet, establecer los filtros necesarios (para separar lo relevante de lo irrelevante) dependientes del propósito de la investigación o búsqueda y ser capaz de analizar y explotar lo extraído, con la ayuda de la tecnología en las primeras fases de filtrado y no en la de interpretación. Esto último, esperar que una máquina interprete semántica y automáticamente un clima de opinión, tiene un alto componente de *ciencia ficción*. Insisto, la limitación real en internet no reside en el acceso a la información sino al sentido y significados de la misma y eso no lo soluciona la tecnología en su estado actual.

No somos fans de marcas

Otro lugar común es que los consumidores sólo *van* a internet a hablar en negativo de sus experiencias con las marcas. Se trata de una simplificación excesiva por la que se culpabiliza *a priori* a cualquiera de ser un intruso y tener intenciones de deslegitimación, incluso descartando que una crítica pueda ser cierta o incluso pueda suponer de manera explícita y accesible un aprendizaje para una marca. Después de años llevando a cabo investigaciones empíricas sobre el clima de opinión online de marcas, puedo afirmar que, salvo casos muy singulares, es todo lo contrario.

El comportamiento de las personas en internet, que actúan como micromedios, es muy similar, por lógica, a cuando recomendamos o prevenimos a nuestros conocidos y amigos sobre una película, un restaurante, una novela, una aplicación de software o una agencia de viajes. Cada vez que recomendamos algo, o no, a otros nos jugamos nuestro prestigio, nuestra reputación frente a ellos. Así, recomendamos o prevenimos a amigos, conocidos (o desconocidos) porque les apreciamos y porque deseamos mantener y construir nuestra credibilidad, no porque seamos necesariamente fans de marcas.

Llegados aquí se puede objetar que los usuarios de alguna marca, por ejemplo Apple, son muy *fans* de su marca, que han desarrollado un sentido de copertenencia y que la defienden como una seña de identidad. Las investigaciones realizadas han mostrado que hay consumidores que se levantan, por encima de los departamentos de marketing o de las organizaciones responsables de marcas, no para criticarlas necesariamente sino para reclamar la *autenticidad* de los productos (calidad, sabor, reconocimiento, diseño, etc.) o critican el empeoramiento de servicios tras algunas decisiones de las marcas. Dos conclusiones destacables al hilo de este tipo de consumidores: una, que algunas marcas tengan este tipo de consumidores no significa necesariamente que sean *fans* sino consumidores exigentes que identifican cuándo una marca aporta auténtico valor con sus productos o servicios. Y dos, que muy pocas marcas son capaces de generar estratégicamente este tipo de vínculos de copertenencia, por lo que representan más la excepción que la norma.

Marcas *limpias* y marcas *sucias*

Las marcas tienen nombres y, puesto que estamos en una web sintáctica, no siempre es posible filtrar con precisión el clima de opinión de una marca, en gran medida depende de cómo de único sea también su nombre. El nombre de una marca que sea muy común o que sea utilizado de forma genérica competirá en la indexación (SEO) por la facilidad de ser encontrado y la visibilidad con otros muchos. Una marca cuyo nombre sea exclusivo y sólo signifique esa marca es, lógicamente, lo más deseable. Por ello, tiene sentido hablar de *marcas limpias* y *marcas sucias* en relación con internet en una web, como la actual, estrictamente sintáctica. Y desde luego el que una marca por sí sea limpia o sucia no tiene ninguna relación con su clima de opinión.

Una marca limpia en internet es aquella cuya búsqueda sólo devuelve resultados relacionados con ella. Por ejemplo, una marca limpia sería Cepsa ya que el clima de opinión que capturaríamos con la *palabra clave Cepsa* sólo sería el de la marca. Una marca sucia en internet sería aquella que devuelva un clima de opinión heterogéneo o confuso, en el que están mezclados climas de opinión de diferentes marcas o hechos. Por ejemplo, la *palabra clave Michelin* nos devuelve climas de opinión relacionados con la marca de neumáticos, las guías y mapas, restaurantes y cocineros propietarios de estrellas distintivas, problemas de obesidad, dietas de adelgazamiento, etc. Si sólo nos interesase, para una investigación o monitorización, el clima de opinión relacionado con un/os restaurante/s o cocinero/s nos obligaría a refinar la estrategia de búsqueda del clima de opinión específico por medio de *frases clave* más complejas para delimitar con exactitud el campo de la futura investigación.

Las marcas que existían antes de la irrupción de internet pueden ser marcas limpias o sucias en función de lo expuesto. No obstante, al crear hoy día una nueva marca, sea su actividad o no preferente en internet, se debe meditar y elegir su nombre para que sea una marca limpia. El objetivo es tener un clima de opinión exclusivo, facilidad para ser encontrados en las búsquedas sin competidores, y ser propietarios no sólo del dominio del país de actividad principal y *.com* sino de todos los posibles con el objetivo de protegerla.

Por último, insistir en que el valor de la tecnología para el conocimiento de la *reputación online* está delimitado por dos aspectos:

- el estado del conocimiento en cada momento alrededor del procesamiento de lenguaje natural y

- la disponibilidad y acceso a tecnologías de base semántica por parte de los desarrolladores de herramientas de monitorización o las organizaciones e investigadores.

Google, el buscador más usado a escala mundial, con una cuota de uso de alrededor del 90%, está aún lejos de aproximarse a un buscador semántico, lo que condiciona la forma como los usuarios buscamos y, por tanto, encontramos y accedemos a la información.

Las desviaciones: *trolls* y *zombis* digitales

Es indiscutible que internet ha dado voz, una vida extra, incluso una personalidad adicional a muchas personas que no hubiesen tenido posibilidades semejantes de visibilidad a las que les permite internet. Las desviaciones de los comportamientos aceptados desde la *netetiquette* se denominan en la jerga digital como *trolls*.

Existen, en mi opinión –sin intención de establecer una taxonomía exhaustiva– al menos tres grandes grupos:

1) los *trolls de sí mismos* dedicados a reinventarse y proyectar un yo idílico. El avance tecnológico tiene siempre cambios en las estructuras de las relaciones personales y provoca avances o retrocesos –toda tecnología incorpora en sí su propia negatividad, su *accidente* (Virilio, 1995)– y, desde el punto de vista personal, posibilidades y tentaciones de abandonar la identidad unida al cuerpo físico y la exaltación de una identidad no necesariamente vinculada a una realidad corpórea. Lo que presenta las ventajas de ser mucho más moldeable y la posibilidad del desarrollo de un amor inmoderado a un *yo online*

hipervinculado e hiperactivo, el espectro deseado en el ciberespacio, el ocaso de la presencia física a favor de la omnipresencia virtual. Llegados aquí el cuerpo es prescindible, se escinde, de la identidad;

2) los *trolls para otros* cuyo objetivo es la provocación de estados de ánimos, ruptura de la estabilidad o generación de tensión en los climas de opinión, y
3) los *zombis digitales,* una suerte de personalidades automatizadas cuya idea de la colaboración y la conversación se concreta en la repetición de forma mecánica del mismo texto o idea de la *mente colmena* dominante en cada momento sin aportar valor alguno. En su versión más extrema están los zombis que sólo son falsos perfiles creados para sumar (amigos, *followers*, etc.) cuantitativamente los *amigos* a los *trolls de sí mismos*. Lo que no deja de ser un *comercio del vacío*, de la nada, para el que hay mercado puesto que existe demanda desde personas y marcas.

Aunque, sin duda, la (de)construcción de la identidad online es un tema de interés, en especial desde la psicología, no es el objeto de este libro.

Al contrario de lo que se suele afirmar de forma acrítica desde la exaltación de la *mente colmena,* los colectivos online pueden ser tan estúpidos como cualquier individuo. La clave parece residir más en identificar en qué casos puede ser más inteligente una que el otro, y viceversa. Esta interrelación, irresuelta como ley universal, hace necesario el saber y poder desagregar, segmentar y analizar en profundidad el clima de opinión de una marca con una metodología científica más allá de una ilusión tecnosemántica. Analizar el clima de opinión, identificar los conceptos claves, levantar teorías y tomar decisiones no está al alcance de máquina alguna. Incluso los casos de éxito de la *mente colmena* han estado dirigidos por una persona inteligente que tuvo que tomar decisiones acertadas a lo largo del proceso.

El día más largo de internet: De la *web de documentos* a la *web semántica*

Adoramos lo complejo porque creemos que así somos más brillantes y despreciamos lo obvio porque no es sorprendente. Se ha mencionado ya que la idea de crear una máquina que procese eficazmente el lenguaje natural se presenta como una suerte de grial de la inteligencia artificial. El análisis automatizado de la información en internet, y en especial a partir de la emergencia de la web 2.0 –por el volumen de opiniones, temáticas y por la heterogeneidad de fuentes–, se ha convertido en un reto para lingüistas y tecnólogos.

El predominio global de soluciones de un software para las búsquedas ha provocado la modificación, en alguna medida, de nuestra estructura cognitiva a la hora de realizar búsquedas, lo cual nos ha obligado a adaptarnos a sus posibles resultados. Esto es, tendemos a rebajar nuestra inteligencia ante la tecnología, adaptándola a la baja, para hacer *inteligente* a la tecnología que nunca dejará de ser una creación humana.

El W3C es el organismo encargado de desarrollar los estándares técnicos y pautas que definen y posibilitan la Web (XML, HTML y 80 estándares más) para garantizar la interoperabilidad a largo plazo y el crecimiento de la Web. Según el propio W3C: "el valor social que aporta la Web es que ésta hace posible la comunicación humana, el comercio y las oportunidades para compartir conocimiento. Uno de los objetivos principales del W3C es hacer que estos beneficios estén disponibles para todo el mundo, independientemente del hardware, software, infraestructura de red, idioma, cultura, localización geográfica, o habilidad física o mental" (http://www.w3c.es/Consorcio/mision#vision).

Para el W3C la web semántica también es una preocupación, y platean la necesidad de evolucionar desde la actual *Web de los documentos* hacia, primero, una *Web de datos* con el último objetivo de que esta pueda abrir el paso a la *Web semántica* que, hoy por hoy, sigue siendo un proyecto estrictamente técnico. Las tecnologías de la *Web Semántica* permiten crear almacenes de datos sobre la Web, construir vocabularios y escribir reglas para manejar los datos. Los datos enlazados deben su potencial a tecnologías como RDF, SPARQL, OWL y SKOS. O de manera simple, que la *Web semántica* está aún en una fase de desarrollo embrionaria, lejos de alcanzar la simplicidad de uso de cara a los usuarios al margen de la complejidad técnica que pueda haber detrás, que facilitó en el diseño original de la Web y su éxito planetario.

Si no existe el traductor automático definitivo no puede haber herramientas de monitorización que entiendan la ironía, el sarcasmo, la ambigüedad, los dobles sentidos, en definitiva, la capacidad icónica y simbólica con la que utilizamos el lenguaje. Ni tan siquiera está resuelto el problema de que una máquina identifique el comienzo y el fin de una frase. Así, para hacer una máquina inteligente las personas han de adaptar a la baja su inteligencia muy a menudo, como sucede, por ejemplo, en cómo hemos adaptado nuestra forma de buscar para acabar haciendo inteligente el algoritmo de cualquier buscador.

Como afirma el tecnólogo Jaron Lanier, "la esperanza de que el lenguaje sea como un programa informático ha muerto. En cambio, la música ha cambiado [se refiere al MIDI y sus consecuencias] para transformarse en algo similar a un programa informático" (Lanier, 2011:215). Mientras llega, o no, la máquina que pueda *pensar* –aunque ésta sea intangible, ubicua y una creación humana– tenemos que seguir pensando y tomando decisiones nosotros.

MONITORIZACIÓN DE LA REPUTACIÓN ONLINE

En busca del clima de opinión

Se ha definido el clima de opinión como el conjunto de opiniones que conforman la reputación online en la web social de una marca, producto o servicio, empresa, organización, personalidad, temática o categoría. El objetivo es delimitar, identificar y extraer el clima de opinión para poder cuantificar y cualificar ese clima desde el punto de vista de los consumidores. El clima de opinión generado en el contexto online influye en la toma de decisiones de las personas, las decisiones individuales se enriquecen con las experiencias y opiniones de terceros y así las decisiones adquieren un creciente caracter social, en su relación con organizaciones, empresas y marcas como consumidores sociales.

Es necesario poder y saber encontrar clima de opinión de una marca en internet independientemente de dónde se haya generado. Y la realidad es que no encontramos lo que necesitamos o lo que, simplemente, existe como clima de opinión sino lo que Google, Facebook, Twitter, etc. pueden o quieren indexar, mostrar y su orden[1]. En resumen, encontramos lo que los *señores de la nube* nos permiten y/o quieren que podamos encontrar.

Elegir una herramienta de monitorización

La monitorización en el peor de los casos se podría realizar *a mano* usando un motor de búsqueda adecuado. No obstante, esto es útil en el caso de un alcance muy limitado de la monitorización (identificar el clima de opinión de una persona sin notoriedad pública) e inviable en cuanto tiene que ver con marcas y climas de opinión significativos. Por eso es necesario el empleo de herramientas de monitorización. La tarea de elegir una puede ser ardua ya que no todas están diseñadas de igual forma y hay diferencias significativas entre ellas. Elegir una herramienta puede ser un trabajo en sí mismo puesto que la oferta no cesa de crecer, no se han establecido estándares públicos, las necesidades de cada marca son heterogéneas y el desarrollo o versiones no para de evolucionar. Algunos aspectos que tener en cuenta son:

- la forma de rastrear la información, las herramientas más deficientes sólo realizan metabúsquedas contra el principal buscador y no búsquedas directas en los principales canales y medios,
- la exhaustividad y cobertura de la búsqueda (si incluye –o no– páginas no indexadas por los buscadores),

1. Google no indexa toda la Web (bien porque los sites están mal programados o bien porque no puede indexarlos decide no indexarlo como los contenidos de Facebook), en todo caso, no se conoce qué porcentaje de la información es indexado por Google. Twitter, por su parte, sólo permite búsquedas retrospectivas de sus datos históricos limitados. En el caso de Facebook son conocidos, entre otros, los casos en los que se eliminan páginas sin explicación alguna a sus dueños.

- el grado de personalización y ajuste de la monitorización que permite para las necesidades de la marca,
- la precisión y relevancia en los resultados, esto es, que los resultados obtenidos sean propios y significativos del clima de opinión,
- la manera de filtrar automáticamente los resultados no propios (falsos positivos) y duplicidades del clima de opinión,
- la capacidad y finura de poder filtrar –o no– los resultados por origen geográfico,
- el idioma en el que monitoriza adecuadamente (no todas las herramientas son igual de eficaces para todos los idiomas, p. ej. las anglosajonas tienden a presentar deficiencias significativas para el idioma español),
- la presentación (cuadro de mando) y representación de los datos (gráficos) para comprender la información de forma intuitiva (los gráficos dinámicos suelen ser muy atractivos pero hay que diferenciar entre *nice to see* y *must have*),
- la capacidad de filtrar los resultados por canales (exigible) y las posibilidades de categorización por tipología de opinantes y temáticas (normalmente muy baja o nula) de forma automática y eficiente; la opción de hacerlo de forma manual es un exigible,
- bajo qué bases estadísticas se pueden crear alertas significativas para detectar potenciales problemas o incidencias relacionadas en el clima de opinión,
- las posibilidades de tratar la información, agruparla, editarla, explotarla y confeccionar informes relevantes para la toma de decisiones,

- la promesa semántica que propongan sus responsables, lo ya expuesto ha mostrado las importantes limitaciones al análisis semántico automático (*sentiment*). Asumiendo que ninguna herramienta ofrece *la solución* hay muchas diferencias a la hora de implementar –o no– diferentes motores de procesamiento de lenguaje natural.

Las herramientas gratuitas sólo son recomendables para niveles de toma de decisión de muy bajo compromiso, por lo que sean descartadas en la toma de decisiones profesional.

Monitorización del clima de opinión

La información a la que podemos acceder en internet a la hora de realizar la monitorización de un clima de opinión alrededor de una marca es, sobre todo, multimedia: texto, sonido, imágenes y bases de datos (del Fresno, 2011c). Bajo el concepto de minería web o *web mining* se incluye todo un conjunto de técnicas encaminadas a la extracción de la información no trivial que reside de manera implícita en los datos que conforman el clima de opinión de una marca.

La monitorización, hoy por hoy, se centra en datos textuales que son los dominantes en internet. No se pueden localizar menciones en audio o vídeo si no aparecen como texto asociadas a ellos ni imágenes que no estén nombradas o etiquetadas con texto.

Las herramientas realizan básicamente un proceso de rastreo para localizar, identificar y capturar los datos del clima de opinión por medio de una estrategia de *palabras clave* o *keywords* con el propósito de identificar la información y representarla.

Modelo de proceso para la monitorización online

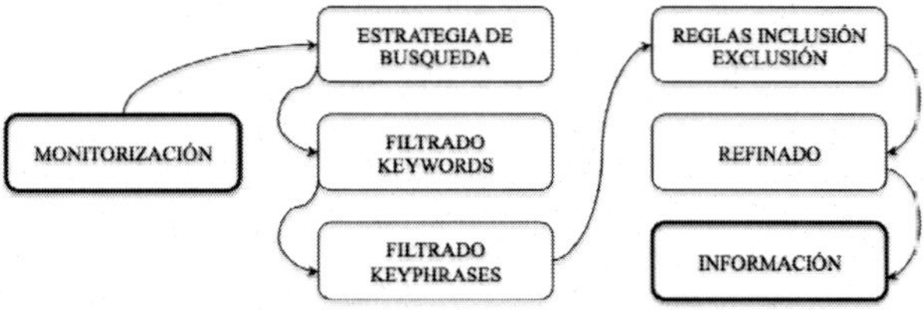

Por utilizar una imagen, las *palabras clave* nos ayudarán a pintar las líneas de un hipotético campo de juego que delimitará el clima de opinión objeto de estudio. El proceso para la monitorización comienza con la definición de las *palabras clave* y la creación de una estrategia de búsqueda. Se trata, así, de establecer un patrón de reconocimiento, basado en las características del clima de opinión que hay que investigar para identificarlo en cualquier tipo de medio online donde se pueda haber generado. El listado definitivo de las *palabras clave* surgirá tras la iteración de búsquedas donde irán apareciendo resultados positivos y falsos positivos.

Puesto que las búsquedas son realizadas de forma sintáctica, se hace necesaria la definición y establecimiento de filtros, reglas de inclusión y exclusión para que los resultados sean propios y significativos alrededor del clima de opinión monitorizado. Por ejemplo, para rastrear el clima de opinión de una editorial que se llamase Grupo Editorial Makalu habría que definir las *palabras clave* de búsqueda para delimitar su clima de opinión, la primera palabra o frase clave sería el nombre exacto "*Grupo Editorial Makalú*" y algunas variaciones posibles "*Grupo Makalú*" y "*Editorial Makalú*". Lo normal es que pudiésemos obtener falsos positivos como "*Un grupo de investigadores ha organizado una expedición hasta el campo base del Makalú*". A partir de este resultado se realizan ajustes por medio de reglas de exclusión, de tal forma que siempre que aparezca "*expedición*", "*montaña*", "*ocho mil*" o "*Himalaya*" la herramienta no las capture como parte del clima de opinión. Habría que proceder igual con las reglas de inclusión, p. ej. "*libros*", "*publicaciones*", nombres de autores o temáticas editoriales de la empresa. Esta fase es la de refinado o *tunning* con el objetivo de delimitar con precisión el clima de opinión propio y de interés. Con una serie de iteraciones se conseguirán los datos y la información del clima de opinión deseado.

Por último, se hará necesaria cada vez que vayan apareciendo nuevos falsos positivos la revisión y ajuste de las *palabras clave* y de las reglas ya definidas en el inicio que permita la generación de forma automática y continua, con la menor intervención manual y sin que la persona responsable necesite de elevados conocimientos lingüísticos, para extraer el clima de opinión deseado.

Los límites del *sentiment* de las herramientas de monitorización

La forma más simple de mostrar un ejemplo de los límites semánticos de las herramientas de monitorización es con un ejemplo. Es cierto que hay algunas marcas mucho más expuestas a las opiniones (operadores móviles, proveedores de acceso a internet, bancos y cajas, compañías de transporte, cadenas de restauración, etc.)

y no existe ninguna que no esté sujeta al uso creativo del lenguaje. Se trata de un *twitt* como uno más de los millones que se publican cada día por parte de consumidores en sus experiencias de relación con las marcas.

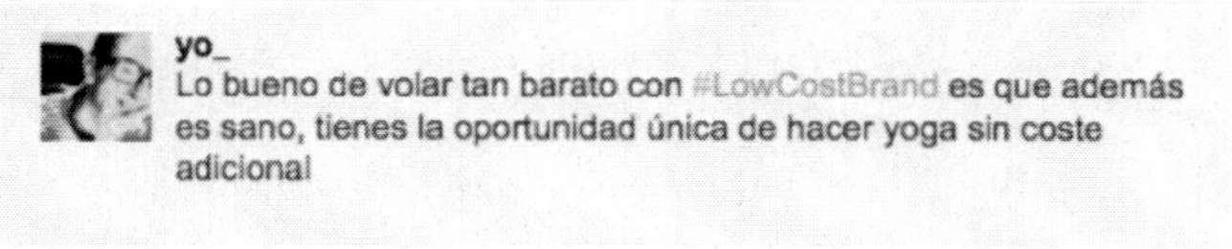

Una herramienta que afirme tener un análisis del *sentiment automático* identificará las siguientes partes de esta frase. Primero, habrá extraído el *twitt* debido a que la *palabra clave* de monitorización será el nombre de la marca #*LowCostBrand*. Segundo irá a una tabla de adjetivos y verbos con valores preasignados (p. ej. entre -3 y +3), así que extraerá "*bueno*", "*barato*" o "*tan barato*", "*sano*", "*oportunidad*" u "*oportunidad única*", "*sin coste*" o "*sin coste adicional*" (supongamos que está programada la herramienta para entenderlo como sinónimo de "*gratis*"). Creará un cálculo automático basado en una tabla de forma aproximada similar a la siguiente: bueno (+2), tan barato (+2), sano (+3), oportunidad (+3), sin coste (+2), resultado final (+12), media (2,4), *sentiment* (muy positivo). Este resultado muestra los límites de la monitorización del *sentiment* automático. Sin comentarios.

Confundiendo la parte con el todo

Una idea final que hay que tener en cuenta, lo que monitorizamos con una herramienta es el clima de opinión en su proceso de formación. Este clima en construcción no es ni coincide necesariamente, aunque forma parte, con la reputación de una marca. El clima de opinión en construcción sólo representa una suerte de cortes verticales de la reputación que no podemos extrapolar al conjunto de forma automática, igual que un día de la vida de una persona no representa su vida completa, aun siendo parte indiscutible de ella.

Por tanto, lo monitorizado sólo son aspectos parciales de la reputación online que no permiten de manera necesaria vislumbrar el conjunto de la reputación. Por eso, llegados aquí es importante no caer en la trampa de confundir la parte con el todo, puesto que la monitorización diaria sólo son datos –no es la reputación– y el riesgo de elevar la anécdota a categoría está siempre presente en un entorno donde prima la velocidad.

La buena noticia es que hay herramientas de monitorización, con las diferentes limitaciones expuestas, que nos permiten la extracción del clima de opinión de una marca. El verdadero reto, tras la monitorización, es clasificar esos datos y analizarlos. Ninguna herramienta puede suplantar, y mucho menos simular, el análisis y la toma de decisiones de una persona inteligente en relación con la estrategia que hay que seguir con una marca.

INVESTIGACIÓN DE LA REPUTACIÓN ONLINE

El extraño caso de *El flan de huevo que no tenía huevo*

Hace tiempo preparando un proyecto de investigación de reputación online apareció en el clima de opinión, reconstruyéndolo dos años hacia atrás, una crítica sobre un producto que se le expuso a un posible cliente como ejemplo de la oportunidad de realizar en profundidad la investigación de su reputación online. Se trataba de un flan de huevo del que se opinaba de forma significativa por parte de sus consumidores: "no tiene huevo", que era de "mala calidad", "el más caro" y que tenía "muchos conservantes" y finalmente que era "poco natural". La investigación no se llegó a hacer porque la marca confirmó que iban a cerrar la línea de producción de ese producto y nunca llegué a saber si el producto tenía o no el ingrediente en cuestión. Desde el punto de vista de la investigación lo único que se puede sostener es la existencia de una correlación entre el clima de opinión y la decisión de cerrar la línea de negocio y, en ningún caso, una causalidad.

No obstante, lo más interesante es que esas críticas existían desde hacía más de dos años, casi cuatro en realidad, y que no habían sido tenidas en cuenta por nadie de la marca a pesar de ser fáciles de localizar con una simple búsqueda online con el nombre de la marca. A partir de esa información desaprovechada para la toma de decisiones sólo caben dos hipótesis, ambas igual de útiles para la toma de decisiones:

H1.- El flan de huevo no tenía huevo

H2.- El flan de huevo tenía huevo

Con la hipótesis 1, la marca tenía un problema, los consumidores habían identificado que el producto era deficiente, lo compartían y viralizaban con otros alcanzando a audiencias significativas. La marca tuvo la oportunidad de reaccionar y fabricar un flan de huevo con huevo, lo que suele ser bastante recomendable.

Con la hipótesis 2, la marca –también– tenía un problema, los consumidores tenían una percepción errónea significativa y con potenciales efectos negativos sobre el producto. La marca tuvo la oportunidad de reaccionar, hacer una campaña de comunicación, cambiar el *packaging*, usar mejores fotos de producto, destacar el contenido en huevo, etc.

En ambos casos la marca tenía un problema y, además, tuvo durante años el *insight* disponible de los consumidores para tomar la decisión correcta sido más oportuna. Esta es la utilidad de la investigación de la reputación online con un ejemplo simple.

Investigación de la reputación online

Monitorizar, investigar y gestionar la reputación online son tres aspectos muy diferentes aunque tienden a ser confundidos (del Fresno, 2011c).

Investigar la reputación online de una marca, empresa, producto, servicio, una persona pública o alrededor de una temática o problema concreto consiste en descubrir el orden que subyace en el clima de opinión que se extiende de forma orgánica, natural y viral por internet. Y, en especial, por los medios generados por los consumidores (MGC) o *social media*. El reto consiste en convertir primero los datos en información (monitorización) y, después, la información en conocimiento (investigación) para la toma de decisiones acertadas (gestión).

Tanto monitorización como investigación tienen una primera fase de extracción por la que la herramienta rastrea datos de forma sintáctica. Y una segunda fase de clasificación automática para la monitorización; y automática y manual para la investigación, con el objetivo de no perder la sutileza de las ideas y los aspectos simbólicos inferibles de las opiniones para lo que la tecnología no puede dar, hoy por hoy, una respuesta satisfactoria.

Como ya se ha mostrado, la mayor limitación en internet no estriba en el acceso al contenido (clima de opinión) sino a su sentido y significados desde las percepciones de las personas (reputación).

Modelo de proceso para la investigación online

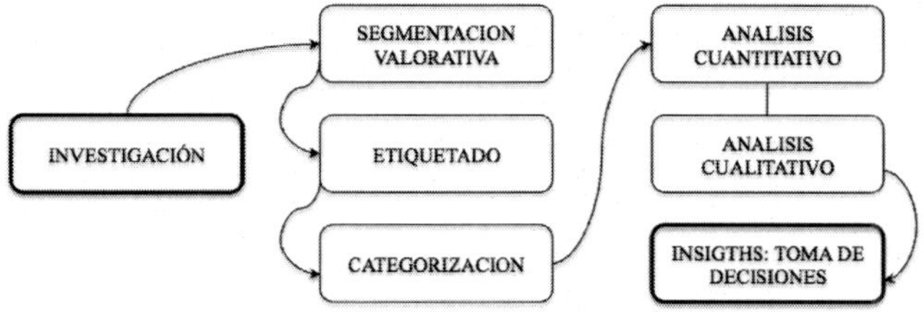

Tras extraer el clima de opinión generado durante un lapso de tiempo que sea significativo y que nos permita extrapolar los resultados se dispone de los datos, *referencias*, que conforman el universo y, en caso necesario debido a su volumen, puede ser oportuna la selección de una muestra tanto para una fase cuantitativa como cualitativa.

Una *referencia* es la unidad básica de publicación de información (una noticia en un medio de comunicación online, un comentario en un foro, un *post* en un blog, etc.) en formato texto (si es audio habrá que transcribirlas y usarlas como textos) que contenga al menos una de las *palabras clave* que delimitan el objeto de investigación. Las referencias pueden ser limpias o falsos positivos, como ya se ha expuesto. Una referencia *limpia* es todo bloque de información relevante para la investigación.

Las referencias están compuestas por *opiniones*. Una *opinión* es la unidad mínima de análisis informacional textual significativa siempre que contenga elementos informativos y/o valorativos relevantes para el objeto de estudio. Para poder abordar la explotación cuantitativa de la información es necesario crear una base de datos y codificar la información. Así, cada referencia y cada opinión es etiquetada o codificada en función de parámetros relevantes para la investigación.

Una vez codificadas las referencias y opiniones se diseña un plan de explotación *ad hoc* y pasa al centro de cálculo que generara información estadística para dimensionar bajo parámetros científicos los resultados de la investigación de la reputación online que soporte la toma de decisiones.

Tras la fase cuantitativa el modelo propone una fase cualitativa. Se trata de analizar las referencias y opiniones como material empírico tratándolo como una narrativa textual y forma de discurso para la generación de *insights* útiles para la toma de decisiones. El contexto social online permite al investigador acceder a una narrativa colectiva alrededor de una marca, recuperada y presentada como un todo, retrospectiva, naturalista y plena de significado que construye una narrativa objetiva final.

La realización de la investigación en sus dos fases, cuantitativa y cualitativa, se ha de hacer conociendo las metodologías de investigación empírica propias de las ciencias sociales e investigación de mercados. Y, además, no hay herramienta de monitorización que permita hacer este tipo de investigación, por lo que la intervención del factor humano no sólo es necesaria sino imprescindible.

Algunas variables significativas para la investigación

Como en toda investigación, es necesario definir el campo de investigación, algunas de las variables que hay que tener en cuenta a la hora de abordar la investigación de la reputación online de una marca son:

- Alcance temporal.
- Número de *palabras clave* y *frases clave* que hay que utilizar.
- Número de marcas y submarcas que hay que investigar.
- La "limpieza" de las marcas para ser rastreadas.
- Alcance geográfico.
- Idioma/s de análisis de opiniones.
- Nacionalidad y/u orígen geográfico de los opinantes.
- Número de competidores que hay que investigar.

- Segmentos de mercado o nichos que hay que investigar.
- El volumen del clima de opinión (universo):
  - Referencias limpias: n
  - Opiniones: n

Lo que no existe en internet es relevante

Lo que no está en el clima de opinión también es importante. Si una campaña o promoción en la que se han invertido recursos no tiene una repercusión significativa en el clima de opinión de una marca es una información relevante. Una marca, tras la investigación de su reputación online, cuestionaba los resultados porque no habían aparecido referencias significativas, ni positivas ni negativas, a sus acciones de comunicación por la obtención del reconocimiento de una *Q de calidad*. El hecho de que no se hubiese reflejado como esperaban o deseaban en su clima de opinión se debía a la falta de interés de esa temática, sobre otras había un gran número de opiniones y con posiciones actitudinales muy definidas, entre sus consumidores y no consumidores. Incluso la temática *calidad* era una de las principales en su clima de opinión aunque no se habían generado referencias a ese aspecto específico de la *Q de calidad*. Tal ausencia ya era en sí misma una información relevante, había pasado desapercibida o no era considerada relevante entre sus consumidores. Aunque la primera reacción de la marca fue cuestionar la investigación, al cabo de un tiempo decidieron trabajar las percepciones situando la información de manera muy visible en las puertas de los locales. Convenientemente procesado el *insight* de la no existencia en el clima de opinión de esa temática concreta permitió tomar una decisión táctica para corregir la ineficacia detectada en la comunicación y trabajar sobre las percepciones de los consumidores.

Los consumidores no son porcentajes

A lo largo de un sólo día, una misma persona puede mostrar sus opiniones en distintos ámbitos tanto dentro como fuera de internet. Al expresar las opiniones como consumidores, una persona no opina en función de una clasificación sociodemográfica de las que se utilizan, por ejemplo, en la medición de audiencias (mujer entre 25 y 35 años, estudios universitarios, hábitat urbano, clase media media, etc., etc.). No obstante, es así como desde el marketing más tradicional se abordan los segmentos de consumidores con refinamientos, más o menos, avanzados y, más o menos, útiles en función de las decisiones que se vayan a tomar.

En el estudio de la reputación online de una marca este tipo de segmentación no sólo no es viable sino que no es relevante. Las personas en su relación con otros y como creadores de contenido propio y redifusión del contenido de otros en los medios sociales no se definen por clasificaciones sociodemográficas sino por roles o afinidades. Así, un consumidor a lo largo del día puede opinar intercambiando numerosos roles de forma automática y no necesariamente consciente: padre (recomendando un colegio), profesor (sugiriendo la compra de un libro), colega de trabajo, socio, jefe, consumidor, usuario de un servicio, amigo, contribuyente, cliente, potencial cliente, excliente, internauta, bloguero, buscador de información, investigador, asesor, conferenciante, etc. Por tanto, lo que crea ciertos tipos de comunidades no es la pertenencia a un segmento sociodemográfico sino las afinidades o roles de las personas en su despliegue social (una comunidad online de aficionados al modelismo naval puede aglutinar por igual a hombres y mujeres o de cualquier edad, zona geográfica, nivel educativo, renta, hábitat o clase social). Por tanto, inferir el rol sobre el que está opinando es lo más significativo y lo que puede permitir una comprensión más profunda de los comportamientos, actitudes y decisiones.

Nosotros los micromedios

La interacción social en la red es ya parte de la vida cotidiana. Las personas han adaptado con normalidad internet a sus vidas y con el despliegue de las aplicaciones de la web 2.0 se ha desencadenado el fenómeno de la *sociabilidad online* gracias a la *autocomunicación de masas* (Castells, 2009), una nueva forma de comunicación en red. Es así como los consumidores por medio de un simple dispositivo con acceso a internet pueden convertirse en *micromedios* (Del Fresno, 2011a) capaces de forma autónoma e inmediata de (co)generar, (re)distribuir y viralizar contenidos propios o de terceros.

Los consumidores sociales como *micromedios* son parte del medio y parte del mensaje en la medida en que se les adjudica por parte de otros una credibilidad, al menos, a la par con las marcas. Esto ha llevado a la reorganización de los canales de influencia tradicional y ha dado lugar a un nuevo ecosistema de influencia, acceso, emisión y distribución de información y contenidos; e incluso de credibilidad.

A partir de los datos empíricos, más del 90% de las críticas que se encuentran en el contexto online son experiencias negativas del contexto offline. Esto es, la crítica se produce en la relación entre marcas y consumidores fuera de internet y los consumidores no limitan su desafecto al contexto offline sino que van al online en busca de audiencia y difusión. Por tanto, las personas encuentran también en internet un canal idóneo para comunicar a otros sus experiencias con las marcas. Cada persona se convierte en un *micromedio* en busca de cobertura, OTS y GRP individuales. Las críticas hay que saber analizarlas y procesarlas adecuadamente y no deben ser ignoradas como producto de consumidores irracionales o marginales. Ese tipo de actitud de las marcas hacia sus consumidores es la antesala para el declive de la marca.

Una idea contraintuitiva: Las personas no van a internet a hablar mal

Todas las personas en su comportamiento cotidiano social tienden a aconsejar o desaconsejar a sus círculos más próximos todo tipo de cuestiones, restaurantes, películas, libros, hoteles, lugares de vacaciones, etc. Este comportamiento, dependiendo de cada persona y situación, puede hacerse como recomendación o como prevención basada en el conocimiento y la experiencia. Este comportamiento es replicado online con una sola variación: en internet cada persona puede tener un efecto multiplicador incalculable y llegar a audiencias imposibles en la comunicación cotidiana de proximidad. La práctica habitual es recomendar en positivo y, parcialmente, en negativo, ya que en ese acto cada persona se juega su propia credibilidad y reputación. Lo mismo sucede en los medios sociales de internet.

Las investigaciones que he llevado a cabo demuestran que la idea de que las personas sólo van a criticar a internet es falsa. A partir de datos empíricos entre un 5% y un 10% de crítica se puede considerar endémica. Los niveles de crítica dependen de cada marca y en las investigaciones realizadas hay casos de críticas que oscilan entre niveles marginales o inexistentes y otras superiores al 30%. Las críticas en esos niveles no se pueden ignorar y quien debe adaptarse a la realidad y saber comprenderlas no es el consumidor social.

La crítica y la detracción en el clima de opinión

Seth Godin, autor de *best sellers*, conferenciante y *agent of change* (sic) en un *post* titulado *Strangers, critics, friends or fans* afirmaba en un alarde de síntesis y simpleza que sólo hay cuatro tipos de grupos de personas a los que dirigir la comunicación: extraños, críticos, amigos y fans. Por si no hubiese sido suficiente, en el mismo *post*, ahondaba en su análisis con la afirmación de que *los críticos son aquellos que hablan mal de ti.* Me tomé la libertad de escribirle para comentarle que, a partir de mis investigaciones, había llegado a la conclusión de que hay dos tipos de críticas en el entorno online y offline. El primer tipo, son aquellas críticas susceptibles de convertirse en una fuente de mejora si son identificadas como recurrentes y apuntan a fallos reales en algún o varios puntos de la cadena de valor de una organización. El segundo tipo son las críticas que no tienen ese *insight* potencial porque su objetivo sí es el descrédito de la marca. Por cierto, Godin contestó con un lacónico *that's true, certainly.*

Esto es, más allá de la cómoda simpleza de afirmaciones basadas en opiniones personales más que en investigaciones empíricas, muestra que es necesario diferenciar entre crítica y descrédito. Una crítica objetiva y honesta, muy habitual entre los consumidores, se convierte en un *insight* y tiene el potencial, incluso, de ser fuente de innovaciones incrementales para los productos o servicios, ya que nadie mejor que los consumidores conocen sus propias necesidades y las expresan de forma que esperan puedan ser satisfechas de manera eficiente.

Por otra parte, está la crítica orientada al descrédito que normalmente expresa un estado de animadversión que suele estar fundado en un hecho objetivo y suele mostrar que el consumidor ha entrado en un nivel de fricción con la marca que no permite extraer *insight* alguno. No obstante, es oportuno ver qué nivel de descrédito genera una marca, ya que de ser elevado será el signo de algo que no se debería ignorar.

Apóstoles, neutrales y críticos

El ser capaces de identificar las tipologías de los opinantes de una marca permite conocer el *mix de opinantes* que construye el clima de opinión. Se trata de una segmentación básica que permitirá diferentes planes tácticos de marketing y comunicación. La mayoría de las marcas llevan décadas atrapadas en el bucle de ganar y perder clientes, con todos los recursos de marketing y comunicación dedicados a ganar clientes mientras se pueden estar perdiendo en cualquier punto de la relación con los consumidores. Lo más inteligente sería tener tres planes de marketing dentro del plan estratégico de marca: un plan de marketing para ganar clientes, otro para mantenerlos y otro para recuperar clientes perdidos. El coste de adquisición de un nuevo cliente siempre es mayor que el de mantenerlos o recuperarlos, puesto que se parte de la ventaja de saber quiénes son. No obstante, conviene no perder de vista y tener siempre identificados a los mejores clientes y no erosionarlos en relación con los que aún no lo son.

La posición actitudinal hacia una marca determina su relación con ella y los ejes y temáticas de las mismas se pueden identificar desde cada posición. Los apóstoles de una marca generan su actitud alrededor de unas temáticas y los críticos sobre otras diferentes. Los neutrales son aquellos que tienen la posibilidad de bascular hacia alguna de las dos posiciones.

A veces, los críticos incluso reclaman y exigen autenticidad a los responsables de las marcas y su crítica se orienta a defender a la marca de decisiones que estiman erróneas o que traicionan el espíritu y tradición de esa marca. O simplemente expresan su desafecto y una crítica legítima y objetiva. Estos críticos, en realidad, son consumidores fieles que resisten de manera activa a las fuerzas centrípetas y entrópicas que ejercen algunas marcas sobre sus propios clientes.

Luchadores morales, exclientes activos y clientes dinamita

Cuando la relación con la marca resulta frustrante para un consumidor se produce el abandono de la misma y, en función de la percepción de perjuicio percibida, el crítico se puede convertir en una suerte de *luchador moral* contra la marca. Es el momento en que la relación coste-beneficio ya no importa para el consumidor porque se considera maltratado. Y en esa ecuación coste-beneficio de la crítica ya no importa que sea deficitaria. Lo único que persigue es que se le reconozca el perjuicio infligido y que se le dé la razón o compense con una petición de disculpa explícita. Algunas marcas, quizás el sector de telecomunicaciones sea un caso paradigmático, parecen ser capaces de dar lugar a generaciones enteras de consumidores en el rol de luchadores morales o exclientes activos. Se trata de consumidores atrapados en redes de errores y bucles de ineficacia donde no parece existir la figura capaz de desanudar el problema. El luchador moral es un cliente crítico cronificado en su problema con la marca. La frase clásica de *el cliente siempre tiene razón* estaba destinada no a una claudicación incondicional del responsable de la marca sino a evitar la generación de luchadores morales frente a las marcas.

Su relación con la marca el luchador moral puede extenderla a lo largo del tiempo y convertirse en un *excliente activo*, esto es, un cliente que siempre que tiene oportunidad viraliza su experiencia negativa con la marca para prevenir a otros por medio de su experiencia. En estos casos ya se trata de una crítica aguda y la marca ha establecido un vínculo duradero con el consumidor, evidentemente de una manera negativa y desaconsejable. Los exclientes activos son los grandes olvidados de las marcas, una fuente continua de descrédito, costes de oportunidad y de pérdida de clientes, no por difícil de cuantificar su impacto es menos inexistente. Todos los consumidores somos exclientes activos de alguna marca porque en algún momento nos convirtieron en luchadores morales.

La barrera entre un luchador moral o excliente activo y un cliente dinamita puede ser muy sutil. Cuando un luchador moral o excliente activo tiene además tiempo, recursos, capacidades y habilidades para llegar a audiencias significativas se trata de un *cliente dinamita*. Esta tipología aparece cuando un cliente es capaz, al menos potencialmente, de movilizar como micromedio a un número significativo de consumidores o de saltar del contexto online al offline en su lucha personal. Este tipo de consumidores son los que tienen el potencial más alto de formar parte de una crisis de reputación, en ocasiones ayudados por reacciones intempestivas y poco sensatas desde las marcas. Los medios sociales están repletos de ejemplos de este tipo de crisis como efecto contagio y de solidaridad con luchadores morales con capacidades y habilidades de cliente dinamita.

Las críticas hay que identificarlas, por temáticas y tipología de opinantes, y se impone tanto una necesidad como la oportunidad el análisis para introducir innovaciones y mejoras a lo largo de la cadena de valor para evitarlas y desactivarlas. Las críticas recurrentes no sólo son fuente de pérdida de clientes y un enorme coste de oportunidad sino que también son un acelerador para la reflexión y el cambio. Dos últimas ideas: 1) la crítica online se puede decodificar como *insight* y 2) no tiene utilidad alguna conocer y decodificar las críticas si la organización no tiene capacidad de aprendizaje y de mejora para evitar repetirlas.

La reputación online como sombra digital

Adelbert von Chamisso escribió en 1814 un cuento titulado *La maravillosa historia de Peter Schlemihl*, uno de los clásicos de la literatura romántica alemana, en el que un joven imprudente, tras vender su sombra a un oscuro personaje a cambio de una bolsa mágica cuyo dinero jamás se agotaba, sufre toda clase de penalidades y acaba marginado de la sociedad. Schlemihl se ve forzado a afrontar toda clase de retos para intentar recuperar su sombra y, en definitiva, a aprender enfrentarse a la realidad y sus contrariedades y poder ejercer el control de su vida.

La reputación online es como una sombra digital, da igual que una marca la ignore o no desee tenerla. La reputación persigue a la marca como lo hace una sombra mientras caminamos, cambiando, mutando, reconfigurándose, y aunque se apague la luz para ignorarla, seguirá ahí latente para volver a aparecer en cualquier momento. Y con el factor adicional de que internet tiene memoria, no olvida y los comentarios y opiniones permanecen durante años con alta disponibilidad.

En resumen, conocer el clima de opinión de una marca y la reputación existente en ese clima sirve para:

- Conocer qué piensan los consumidores.
- Conocer qué es lo que dicen que necesitan.
- Conocer cómo de bien experimentan que la marca se relaciona con ellos.
- Conocer de primera mano sus opiniones y percepciones, y qué temáticas son las más relevantes desde su punto de vista.
- Comprender qué es lo que se hace bien o mal en los distintos puntos de contacto a lo largo del ciclo de relación con ellos.
- Aprender a cumplir mejor sus expectativas.
- Actuar de forma más idónea de forma estratégica y táctica, en definitiva, a tomar decisiones acertadas con mayores porcentajes de acierto.

Una marca con notoriedad tiene una reputación online y la primera decisión crítica de sus responsables es conocerla y gestionarla, o no.

GESTIÓN DE LA REPUTACIÓN ONLINE

Entrar en la *conversación* online

Hemos visto cómo usar tecnología para la monitorización de la reputación online es la parte fácil. El reto reside en la investigación de esa reputación online, en tener una metodología para saber filtrar lo significativo de entre el ruido, clasificar las opiniones, a los opinantes, su actitud valorativa, su influencia, etc. y luego, tener un propósito y una estrategia para explotar adecuadamente ese conocimiento.

En ese punto es cuando se dispone de las garantías para abordar la gestión de la reputación online por medio de la comunicación. Es el momento de madurez en el que una marca se encuentra en condiciones de *entrar* en los *social media* y en la *conversación* social minimizando los riesgos y maximizando los *insights* identificados. No obstante, alcanzado este punto es necesaria una condición adicional: saber gestionar la reputación online por medio de conversaciones entre personas, no solamente y de forma prioritaria como clientes.

Las cadenas de producción en serie dieron lugar al marketing de masas gracias a los medios de comunicación de masas para transmitir sus mensajes, en gran medida, de manera indiscriminada. Hoy en día, lo hemos ido exponiendo, el modelo ha evolucionado muy deprisa y ha dejado atrás a un gran número de marcas y empresas que han desaparecido o han pasado a ser jugadores marginales en los mercados que antes dominaban.

Esto ha sido así, en gran medida, sólo por dos cuestiones simples: una, ignoraron a sus consumidores creyendo que sabían todo sobre ellos o negándoles inteligencia y autonomía; y dos, ignoraron el cambio en sus mercados pensando que eran inmunes –porque habían tenido éxito y eran grandes– a los cambios de *ahí fuera*, a cambios sociales, tecnológicos, culturales, etc. Internet, desde su irrupción en los inicios de los años noventa, supone uno de los fenómenos tecnológicos, empresariales, culturales y sociales más disruptivos desde la Revolución Industrial.

Todos tenemos derecho a ser *trending topic* durante quince minutos

Andy Warhol tuvo una brillante intuición al afirmar en 1968: *In the future, everyone will be famous for fifteen minutes*. La intuición de Warhol fue tan acertada como la contestación de Dalí –probablemente apócrifa– cuando al cruzar una frontera le preguntaron: *¿Algo que declarar?*, y se dice que contestó: *Yooo mismo*. Ambos anticiparon, a su manera, la deriva egocéntrica social, aunque no imaginaran jamás internet.

Esos *quince minutos de fama* han construido, entre otras cosas, el negocio planetario de la prensa sensacionalista. Comprender y facilitar a escala planetaria *la fama de los quince minutos* es el gran acierto –aunque no sea premeditado– de las plataformas como Facebook, YouTube o Twitter y, también, la mejor explicación para que se acepte, entienda y publique como un éxito incluso en los medios de comunicación que –tal o cual hecho, empresa o persona– haya conseguido ser *trending topic* en Twitter durante breves períodos de tiempo, nunca superiores a unas horas. La lucha por la fama de los quince minutos oculta la alta tasa de mortalidad de esa notoriedad. Sin duda, los diseñadores de las denominadas redes sociales y sus herramientas han materializado la clarividente intuición de Warhol.

Gestionando la reputación online peligrosamente

A la hora de gestionar la reputación online de una marca por parte de la persona o el equipo responsable de la comunicación online se debe tener presente que:

Las personas no construimos nuestra identidad como segmentos demográficos, ni audiencias, ni clientes, ni fans de marcas, somos por encima de todo, siempre, personas y asumimos distintos roles como ciudadanos y consumidores sociales. La relación se establece con personas no con meros clientes.

El recurso más escaso es la atención de una persona, si además es cliente o potencial cliente, aún es de más valor para una marca.

Puede ser una irresponsabilidad externalizar en terceros la comunicación y relación online directa *–la conversación–* con los consumidores y, mucho más, si acaba en manos de becarios de terceros.

Para entrar en la *conversación* no sirve cualquiera, se necesitan dotes específicas para la comunicación escrita y habilidades en el manejo del tono, la empatía y los códigos específicos dominantes en el contexto online, debido a la no interacción cara a cara.

No se debe entrar en *conversación* si no se tiene un valor que comunicar o capacidad para contestar o solventar temas y problemas.

No se debe entrar en *conversación* si no se puede dar una respuesta eficaz llegado el momento.

Se trata también, en ocasiones, de saber gestionar adecuadamente los egos de los consumidores.

Como se desconoce *a priori* la potencial influencia de cualquier persona, se debe ser bastante neutral a la hora de abordar la solución de posibles problemas y orientarse a la eficacia.

Es inevitable una creciente profesionalización de la figura del *community manager* o como se denomine en cada momento. Ni la edad, mayor o menor, ni un supuesto *nativismo digital* son un factor relevante a la hora de identificar a las personas más eficaces y eficientes para la gestión de la reputación online de una marca.

La jerarquía que facilitan los medios de comunicación y las campañas de marketing tradicionales desaparece en la *conversación* online y además, intentar imponerla, es contraproducente.

La retórica corporativa y los mensajes que se escriben en los folletos o publicidad es la forma de comunicar online más eficaz para fracasar en la *conversación* por su falta de credibilidad.

El discurso interno de una organización puede ser "*el cliente en el centro*" de forma declarativa y que, en realidad, todos sus procesos y objetivos están centrados en "*producto, producto, producto*". Los consumidores sociales detectan rápidamente las imposturas y las penalizan.

La percepción de la realidad desde una marca no tiene por qué coincidir con la de los consumidores, y la que más importa es la de éstos.

La publicidad disfrazada de *conversación* sigue siendo publicidad y acaba indefectiblemente como monólogo.

Toda gestión online de una marca debe tener algunos objetivos a priori que son comunes a toda estrategia de comunicación y marketing online. No el marketing online del futuro, sino el marketing que ya es necesario aquí y ahora:

- Cuál va a ser la propuesta de valor que se ofrecerá a los consumidores online
- Cómo se van a crear las relaciones significativas con los consumidores
- Qué incentivos pueden ser susceptibles de ser usados

Crisis de reputación

Lo obvio al ser descubierto no tiene por qué ser sorprendente. No hay mejor manera de apagar un fuego que no provocarlo, no hay mejor crisis de reputación online que la que no sucede. Tarde o temprano todas las marcas tienen probabilidades de enfrentarse a una crisis de este tipo debido a su exposición social online, puesto que todas las marcas son sociales. Las crisis de reputación online siempre se crean por errores. Es muy difícil que una crisis de reputación que no tenga ninguna base real y empírica que la fundamente se expanda; siempre hay un motivo y un acelerador. El motivo es fácil de identificar y valorar su importancia; el acelerador, no obstante, no siempre es evidente ni tampoco el llegar a saber por qué en unas ocasiones un problema se expande de forma incendiaria por internet y otras no. No es fácil fabricar crisis de reputación basadas en *fakes*, la comunidad online en conjunto tiene mecanismos de control de lo verdadero y lo falso de forma razonablemente eficiente.

Al margen de su voluntad, todas las marcas están expuestas a la opinión de los ciudadanos y consumidores. Por tanto, todas corren el riesgo de ser preguntadas, alabadas y criticadas sobre lo que es relevante desde el punto de vista de los consumidores.

La primera clave reside en saber identificar cuándo hay una crisis y cuándo no la hay. Online no todo lo que parece una crisis lo es, ya que ninguna tecnología sustituirá el análisis e inteligencia de un buen gestor de marketing y comunicación. Los datos de las herramientas de monitorización solamente son datos que hay que poner en perspectiva. El primer imperativo es no sobrerreaccionar y el segundo es que siempre debe haber tiempo para la reflexión antes de actuar. La obligación o la norma no es responder en tiempo real, como hay quien sostiene, a lo único que no se puede renunciar en tiempo real es a pensar.

Al mismo tiempo es necesario establecer unos protocolos de actuación a la hora de enfrentarse con una crisis de reputación online determinando los flujos de la toma de decisiones de antemano, plazos de respuesta y quién o quiénes deben ser los responsables de cada paso y de la comunicación final.

A veces se instalan ideas dominantes en temas relacionados con la comunicación online que no tienen ninguna base empírica ni racional. Uno de esos casos puede ser el *mito de la respuesta en tiempo real.* En caso de una crisis de reputación no es necesario responder en tiempo real, siempre hay que tomarse tiempo para el análisis y la reflexión y huir de respuestas precipitadas, irreflexivas o que acaben echando *gasolina al fuego* (hay numerosos casos de este tipo cometidos por todo tipo de marcas y niveles jerárquicos dentro de las organizaciones). Aunque se apele al sentido común siempre es necesario una reflexión inteligente al mero músculo de respuesta. Hay que responder en un plazo razonable e informar siempre de en qué tiempo se va a contestar y que sea razonable. Hay, incluso, determinados temas sobre los que es más sensato no hacer nada, dejar que la crisis se estabilice y tener todos los elementos de juicio necesarios para actuar. No es posible establecer una ley o regla general que tenga validez para cada situación de crisis de reputación. Aunque es oportuno establecer pautas de gestión de una crisis de reputación por tipologías de situaciones y analizar casos reales es algo que supera los límites de este libro.

La hibridación entre *mass media* y *social media* es una fuente potencial de crisis para las marcas ya que pueden saltar de unos a otros sin dificultad alguna haciendo mucho más difícil el poder gestionarlas y mucho más complejo su control en los términos clásicos de las relaciones públicas.

El marketing antes de internet

El marketing tradicional se basaba en macroacciones que se insertaban en los medios de comunicación de masas, como se ha mostrado ya, ejerciendo presión en el canal por llegar de la forma más notoria a la mayor audiencia posible. En tiempos de internet no son tan fáciles de ejecutar campañas de gran alcance de manera eficaz ni de garantizarse los resultados antes de comenzar (como con las campañas tradicionales de medios). Internet y su singularidad como campo para la comunicación y el marketing impone la necesidad de llevar a cabo un gran número de microacciones que suponen un gran número de toma de decisiones, con el objetivo de cumplir tasas de conversión finales no garantizadas de antemano. Una de las razones por las que el marketing online ha sido evitado es porque compromete a los responsables y muestra a todas luces la eficacia o ineficacia de las campañas. Esto es, el marketing online se puede medir de una manera muy eficaz sin caer en las posibles *ficciones* de los datos histórico estadísticos ni de tener los resultados de las campañas antes, incluso, de ejecutarlas.

La biblia no escrita del community manager

Al igual que se ha argumentado que los consumidores no son fans de marcas es descartable que los consumidores sociales quieran interactuar online con las marcas sino con los responsables de esas marcas. Algunas recomendaciones a la hora de la comunicación online directa.

Antes de entrar en la conversación

Las marcas están obligadas a seguir compitiendo en los lugares físicos e influir en las percepciones como han hecho siempre y con la web 2.0, además, tienen que aprender a competir en los flujos intangibles y ubicuos de internet.

No se puede pretender imponer la temática de la relación o conversación, por tanto, antes de gestionar la reputación y comunicación online de una marca hay que tener información, los mayores elementos de juicio posibles, derivada de la investigación y de la monitorización para generar la menor disonancia posible entre la voluntad de comunicación de la marca y el clima de opinión de los consumidores. Con una investigación previa se puede identificar qué, a quién y dónde ofrecer valor y decidir cómo.

Antes de participar es imprescindible escuchar, aprender y comprender el clima de opinión. Si no se tienen los recursos o habilidades necesarias es preferible posponer la comunicación online directa con los consumidores hasta el momento en que se tengan los mínimos para afrontarla con garantías. La buena voluntad no es suficiente.

La comunicación online impone el compartir sin dogmatizar, asumir que la relación no es jerárquica ni que se le va a dar a la marca una posición de autoridad de inicio por serlo, es necesario ser capaz de cocrear y de aportar valor que sea relevante y hay que tenerlo definido antes de comenzar la estrategia y plan de *social media.*

El *community manager* es el *front office* de una marca en los *social media*, esa responsabilidad exige muchas habilidades y conocimientos como para que se le encargue a perfiles de bajo coste.

Conviene asegurarse de que el *community manager* sabe usar siempre el tono idóneo (empático, con humor, agradecido y educado) en el trato textual con los consumidores, dominando los códigos no escritos de la comunicación online y sus aspectos simbólicos y culturales. La actitud y saber estar (o no) es parte del mensaje de la marca hacia los consumidores. El *community manager* es la persona que está, de verdad, en contacto con clientes, potenciales clientes, exclientes... un perfil demasiado *junior*, un perfil *senior* sin los conocimientos adecuados o un mero becario pueden no ser la mejor decisión como responsables de gestionar la reputación de una marca online.

El valor en la comunicación online es simple: reside en ofrecer información, conocimiento, entretenimiento o hacer el bien. El contenido no es el rey, solamente la moneda en la comunicación online.

No hay atajos: el *fake*, el *spam* y la impostura se detectan y penalizan en la comunicación online. Todos los días decenas de personas descubren el *spam* como táctica errónea de marketing.

Antes de reaccionar a una crítica o una potencial crisis siempre se debe analizar la lógica y la veracidad de los hechos, canalizar hacia los responsables y tener una respuesta clara sobre el tema.

En la comunicación online no dejan de aplicarse los principios éticos.

Al entrar en la conversación

Lo que importa realmente es la capacidad de las marcas de crear redes de reputación online positiva, esa capacidad será una forma de éxito dentro de la explosión de ofertas indiferenciadas.

No es imprescindible la respuesta en tiempo real, sobre todo si se trata de aspectos potencialmente críticos. Sí es recomendable ofrecer entrar en contacto de forma no pública y ofrecer un plazo de respuesta ajustado.

Aunque la intención final sea vender, no puede ser esa la base de la relación a no ser que se ofrezcan promociones. Primero es el vínculo, después la relación y al final la conversión comercial. No se pueden (ni deben) abordar los *social media* como si fuesen un soporte publicitario, no está en su lógica ni los consumidores sociales aceptarán ese comportamiento.

En ocasiones muy concretas es mejor no entrar en la conversación acerca de ciertos temas de alta sensibilidad. En asuntos como la religión o la política puede ser contraproducente que una marca se pronuncie si no tiene la seguridad de poder sostener esa posición de forma racional.

El principio de precaución debe ser la idea dominante en situaciones de posible crisis. Se trata de no improvisar, reflexionar y sobre todo frente a un aspecto potencialmente crítico *no echar gasolina al fuego* por medio de mensajes fuera de tono, amenazas o descalificaciones. *Nunca debe ser personal.*

El clima de opinión es autogenerativo y siempre encuentra su propia dirección y velocidad, no se debe intentar controlar (suponiendo que se pudiese) los temas de la conversación. A las marcas se les va a interrogar o cuestionar sobre aquello que es relevante para el usuario y no necesariamente lo que pueda interesar a la propia marca.

En los *social media* participar en la conversación significa responder cuando sea oportuno y necesario e interactuar con los consumidores, las dosis de iniciativa propia, reacción o anticipación frente a las temáticas emergentes en el clima de opinión deben ser adaptativas según la curva de aprendizaje de la marca desde la entrada de la marca en los *social media*.

La forma de desenvolverse con los consumidores sociales creará una percepción inmediata y generalizada sobre la comunicación de una marca en los *social media*. El objetivo es ser percibido como auténtico, honesto y no parecer nunca un mentiroso/a. La percepción no es sobre el *community manager* sino la construcción de la reputación de la marca hacia la maduración.

Lo que reflejan muchos climas de opinión es la disonancia entre lo que quiere mostrar la marca y lo que quiere saber el usuario; la comunicación online debe orientarse a reducir las fricciones y las disonancias.

La presencia online de una marca y dentro de los *social media* puede tener diferentes estrategias y objetivos. Y siempre habrá quien lo haga bien y mal, para ello es necesario acelerar la curva de aprendizaje en el contacto directo con los consumidores sociales. Experimentar, probar, asumir riesgos razonables, aprender más y mejor deben ser parte de esos objetivos.

Nunca se debe caer en la sobrerreacción, siempre debe haber tiempo para la reflexión en equipo porque siempre hay tiempo para no equivocarse.

No todos los consumidores quieren entablar relaciones o conversaciones con las marcas, así que no hay que forzar la conversación. Se trata sobre todo de ser eficaces si se entra en la conversación. Si no se van a tener los recursos para solucionar posibles incidencias o responder a las preguntas que puedan plantear los consumidores es aconsejable no tener presencia alguna o muy limitada.

Se debe mantener siempre el control del tono y el mensaje, aunque la misma cuenta esté gestionada por distintas personas a lo largo del tiempo o de forma colectiva, y permanecer centrado en los objetivos o la solución del posible problema.

¿Cómo gestionar una crítica muy dura? A veces es preferible dejarla pasar y dependerá de quién la haga y de cómo se viralice. Es absolutamente legítimo criticar a una marca que ha dado un mal servicio. Hay que saber procesar esas críticas como *insights* sin confundir la anécdota con la categoría.

¿Cómo gestionar el descrédito? Aplicar el principio de prudencia y no entrar a provocaciones de potenciales *trolls*.

¿Cómo gestionar el halago? Aplicar el principio de prudencia y ser correcto y agradecido.

Lo obvio, cuando se descubre, no tiene por qué ser sorprendente: la mejor crisis de reputación no es la que se soluciona sino la que no sucede, y la mejor forma de gestionarla es no provocarla.

En caso de dificultades o crisis hay que responder sin juzgar nunca de forma directa a nadie, con asepsia, con respuestas neutras y de forma avalorativa para evitar malinterpretaciones. En caso de crisis deben estar establecidos los procedimientos de actuación y reparto de funciones, tareas y roles en caso de dificultades.

Frente a una posible crisis, hay que hacer siempre seguimiento, solucionar fuera del espacio público y asegurarse de que la comunicación con el canal offline de la marca responsable de atender a un consumidor no está cortocircuitada, ya que en caso contrario el problema sólo se habrá incrementado.

Es conveniente descartar siempre de inicio cualquier ejercicio o amenaza legal, eso puede contribuir a incrementar el problema de forma innecesaria.

Una propuesta de código ético de mínimos

1. No utilizar métodos automáticos para insertar de forma masiva comentarios no relacionados o inapropiados.
2. No realizar envíos masivos o no solicitados sin permiso explícito.
3. No manipular *sites*, *microsites* o blogs con el objetivo de conseguir mejores indexaciones a corto plazo (*black hat SEO*).
4. No suplantar identidades de personas, marcas, productos o servicios.

5. No dañar o provocar en sitios o comunidades online escépticas o críticas.
6. No realizar campañas de *word of mouth* para denigrar a competidores.
7. No propagar conscientemente información falsa, incompleta o manipulada.
8. No realizar campañas a menores de edad si no se tienen las garantías de que sólo se está alcanzando a las edades legalmente permitidas.
9. No promover el uso de paramedicamentos o medicamentos que exijan una receta para su compra.
10. No realizar comentarios sexistas, con carga xenófoba, discriminatoria o que no respeten los derechos individuales.

ANEXO: TOMAS FALSAS

Como se hace en algunas películas cuando al terminar se introducen las tomas falsas como manera de contar, en parte, la historia interna del proceso de creación, introduzco mis propias *tomas falsas* en formato texto.

Sobre el título del libro. Uno no está seguro nunca de haber puesto el mejor título posible a un nuevo libro a no ser que el título sea lo primero y después se escriba el libro, no es el caso. Y había que elegir uno. Podría haber sido oportunista y haberlo titulado *La biblia no escrita del community manager* –como hice con un *post* en mi blog, que demostró que era un buen titular y mis dotes para el sensacionalismo–. Hubiese ayudado quizás un título de *libro de aeropuerto* como *Quién se ha llevado mis followers*, o *Todos los secretos de la reputación online*, o *El arte de la perfecta reputación online,* o *Reputación online en un minuto*, o *Todo lo que siempre quiso saber sobre sexo y reputación online*, etc. Estoy convencido de que todo el mundo habría entendido el doble juego y mi supuesta astucia. Este libro no es una guía para *dummies,* ya que respeto la inteligencia de los potenciales lectores, e incluso la mía.

La privatización de internet. Internet está facilitando una estructura colectiva de pensamiento, opinión, creencias, percepciones, decisiones e incluso emoción, produciendo así una suerte de sincronización –con sus riesgos y virtudes– con su accidente: la creciente corporativización de internet. En aquello que fracasaron AOL,

CompuServe o Prodigy puede que tengan éxito *los señores de la nube*.

El día que desaparezca Facebook u otras plataformas de código con fines publicitarios no pasará nada, porque habrá una alternativa que nos haga la vida más fácil o más útil. No hace tanto tiempo que donde está hoy Google estuvo Yahoo, donde hoy está Spotify estuvo MySpace. La tasa de mortalidad gracias al éxito mal analizado y la complacencia es enorme. Desde que viví de cerca la caída del Muro de Berlín, todo me parece posible.

Yo, soporte. La publicidad hace ya tiempo no sólo que pretende confundirnos a todos igualando mapa y territorio sino que nos pretende igualar a los ciudadanos (territorio) como soportes (mapa). La entrada de las marcas en los *social media* –por mucho que se maquille– corre ese riesgo: el intento de colonización publicitaria de la web 2.0 (el mapa del imperio 1:1) pretendiendo crear conversaciones (mapas a mayor y mayor escala) sin importar más que el tema publicitario (confundir el mapa con el territorio).

Si un servicio como Facebook y otros existe y es gratuito, hay que preguntarse si uno no será parte del producto o si no seremos una suerte de metasoporte publicitario, objeto y sujeto confundidos. La propuesta publicitaria general en los *social media* disfrazada de *conversación*, es la de un mapa-soporte donde se reduce la identidad de forma sutil y paulatina desde un sujeto-ciudadano (territorio) a un objeto-consumidor (mapa). Se presenta, entonces, como un mero simulacro de la libertad, de la realidad, de la identidad en la que se espera nos instalemos cómodamente como audiencia pasiva receptiva, como los malos amantes.

Internet, propiedad privada con derecho de admisión. Lo que no consiguieron AOL ni CompuServe ni Prodigy en los años de nacimiento de internet lo están intentando ahora Google, Amazon y Facebook con su singular *guerra fría digital* por el control de grandes ámbitos de internet y Apple con el desarrollo de aplicaciones propietarias que sólo funcionan en espacios privados y cerrados de Apple, en lugar de aplicaciones web. Mientras tanto, colectivamente asistimos como meros espectadores *parasociales*, donde el botón ME GUSTA o el de +1 suponen el mejor reflejo de los límites de expresión del nuevo libre albedrío que nos permiten estas corporaciones de consumo como una suerte de reflejo de *maoísmo digital* contemporáneo, como lo denomina Jaron Lanier. Parece llegado el momento de plantear la necesidad de una nueva etapa crítico-reflexiva en internet más allá de tecnoutopismo y del excepcionalismo, porque toda utopía tiene su distopía y toda tecnología lleva de manera inevitable su *accidente* (Virilio). Otros futuros de internet son posibles aunque se esté intentando limitarlos.

Los señores de la nube o el riesgo de que los profetas se conviertan en tiranos.

La publicidad es la herramienta que permite para quienes lo entienden y pueden hacerlo de manera eficaz mantener intacta la cadena entre emociones, percepciones y consumo, esto es, una suerte de *ministerio de sincronización de las percepciones*. Ese es el único sentido de la publicidad hoy porque utilizarla como herramienta informativa presupone que las audiencias siguen desinformadas, lo que es un derroche inversor tan absurdo como inútil. La publicidad se presenta así como un trastorno planificado de la percepción. La antigua estrategia de sincronización masiva de las percepciones entra en declive e ineficacia indiscutible debido a dos hechos: a) la crisis de atención de los consumidores saturados cognitivamente y más conscientes al entrar en contacto con iguales de forma muy simple en los *mass media* y b) la crisis del modelo editorial de los *mass media* que han sucumbido al modelo de negocio financiero y desinformador confundiendo información con relaciones públicas. Adicionalmente, el problema con la publicidad actual estriba en que se ha ido convirtiendo, por múltiples causas pero entre ellas la de seguir considerando a las audiencias desinformadas, en un arma de disuasión más que de convicción.

Popularidad e influencia. Se tiende a confundir la popularidad con la influencia, si todos las personas que gozan de cierta popularidad en los *social media* fueran realmente influenciadores se conseguirían sin esfuerzo tasas de conversión muy altas, incluso de lo más absurdo, y no parece ser el caso.

La Guerra Fría Digital. Fue William Mitchell en *City of Bits* (1996) quién afirmó premonitoriamente que "el código es la ley del ciberespacio". Idea que recogió y amplió de forma exhaustiva Lawrence Lessig en *The code versión 2.0* (2006) donde afirma que "ya está fuera de discusión el hecho de que se va a desarrollar un código y que éste definirá las libertades y el control en el ciberespacio. La única elección que podemos tomar es quién los construirá y con qué principios". Hoy parece que la *Guerra Fría Digital* no sólo es invisible, inmaterial y sin campo de batalla geográfico, es una guerra silenciosa que se libra en la nube y en la construcción y definición del código. La Internet que existe hoy aún es la consecuencia de las decisiones de código y arquitectura abierta que se tomaron entre finales de la década de los 80 e inicios de los 90 del siglo pasado. Los señores de la nube proponen una Internet muy diferente, en realidad, una idea pervertida de la cultura abierta sin abandonar el discurso simbólico pero llevando a cabo un proceso de progresiva parcelación y privatización de Internet a través de la apropiación y definición de las experiencias de usuario posibles definidas por la propiedad del código. A lo que se suman todas las iniciativas legales y empresariales que viendo mermados sus extraordianrios márgenes de rentabilidad y promueven local y globalmente todo tipo de leyes e iniciativas para deslegitimar y minar el desarrollo de dos décadas de Internet. Por eso no es de extrañar que uno de los tecnólogos de esa primera cultura de Internet, Jaron Lainer haya titulado su libro *You are not a gadget* (2011) en el que afirma sarcásticamente que "al final del arco iris de la cultura abierta, yace una primavera eterna de anuncios".

BIBLIOGRAFÍA

- Del Fresno, M. (2011, a) Netnografía, UOC, Barcelona.
- Del Fresno, M. (2011, b) "Cómo investigar la reputación online en los medios sociales de la web 2.0." Cuadernos de Comunicación Evoca, núm. 5, Madrid.
- Del Fresno, M. (2011, c) "Infosociabilidad: monitorización e investigación en la web 2.0 para la toma de decisiones". El profesional de la información, septiembre-octubre, v. 20, núm. 5, pp. 548-554.
- Del Fresno, M. (2012) Internet como mass media. Netnografía y reputación online en los social media, en Cuesta, U. (ed.) Creatividad y planificación estratégica. Editorial ESIC, Madrid.
- Del Fresno, M., Peláez, A. (2012) Innovación, riesgo y sostenibilidad: la estrategia de deslegitimación social de los medicamentos genéricos. Revista Sistema.
- Lanier, J. (2011) Contra el rebaño digital: Un manifiesto, Debate, Barcelona.
- McQuail, D. (ed.) (2002) McQuail´s reader in mass comminucation theory, Sage, London.
- Ramsay, A. (2006) Natural Language Understanding, Automatic, en Keith Brown, Editor(s)-in-Chief, Encyclopedia of Language & Linguistics, Oxford: Elsevier, pp. 524-539.

- Virilo, P. (1991) The Aesthetics of Disappearance, Semiotext (e), New York.
- Virilo, P. (1995) "Red Alert in CyberSpace!". Radical Philosophy 74 nov/dec, disponible en <http://bit.ly/rCdKYp>.

Made in United States
North Haven, CT
04 November 2026

21767239R00072